もう、ひとりにさせない

わが父の家にはすみか多し

奥田知志［著］

いのちのことば社

わが父の家には住処おほし、
然らずば我かねて汝らに告げしならん。
われ汝等のために処を備へに往く。

ヨハネの福音書一四章二節、文語訳

推薦の言葉

『わが父の家にはすみか多し』という、本書のサブタイトルを読んだ瞬間、私の眼は涙に溢れた。それは著者が「無縁の世」で終わりを迎えたホームレスの人に出会いつつ、その骨を拾い続けてきたことを知っているからである。著者は、痛切な祈りであるこの言葉をもって、ひとりひとりを葬ってきたのであろう。私自身も川崎を流れる多摩川の河川敷において四十五歳でその生を終えた男の骨を拾ったとき、「この最後の人にも」（マタイ二〇・一四）の聖句によって慰められたことを思い出す。

著者との交わりは、彼が西南学院大学神学部に在籍していたとき、招かれて行った集中講義の場に始まる。彼は先輩によって釜ヶ崎に導かれ、日本社会の現状に衝撃を受け、エリ・ヴィーゼルの『夜』によって、「ロープに吊るされている子ども」とともにある神を知らされ、その「神探し」の旅が彼を牧師職に導き、ホームレス支援機構を立ち上げるに至ったとの経緯は、本書に詳しい。

私は著者に対して、一つの負い目を負っている。彼が最初に赴任した現在の教会では、すでに二十数年を経過している。学生時代にボンヘッファーに関する好論文を書いた著者は、出身校からそれなりに注目され、ドイツへの留学の機会が与えられた。

留学のための試験も終わり、大学も教会全体も期待と祝福をもって、その出発を見守っていた時である。北九州市におけるホームレス問題をめぐる彼の活動がようやく市当局を促し、地方自治体として本腰を入れるという話が出てきたのである。彼は、わざわざ川崎の私を訪ねて、その去就について問うたのである。なぜ私になのか、いまだにわからない。私自身、留学の経験を持ち、その豊かな実りが感謝とともに今なお生きているので、彼にとっての稀有の機会を生かすべきであると思いつつも、北九州市のホームレス対策に関わる大きな進展は、余人にゆだねられない課題であるとも思った。市当局は、彼を求めていたのである。

私は彼に、留学の断念を迫った。黙して去った彼は、それからどんなにか苦しんだであろう。結果として、彼は留学をしないという決断をした。それは、大学に対しても、教会に対しても混乱と批判を招くものになった。しかし、彼はすべてに耐えて、ホームレス支援機構の設立に突き進んだのである。留学とその後に開かれるはずの、彼の人生における稀有の機会を私は断ち切ったことになる。これが、私の著者に対して、「すまない」という思いとともに、今なお負っている負い目である。私情にわたることを述べたことをお許し願いたい。

著者の働きのよってもって立つ基本的立場は、この無縁社会の中に「絆」を創ろうという熱い願いである。

NHKの公開討論にも度々登場して語る彼の発言は、まさに「牧会者」の姿勢そのものである。某人材開発会社の責任者の「自己責任論」の主張に対して、「自己責任をとれる社会にするべきだ」と著者は反論し、「自己責任論」がいかに無責任論であるかをホームレスの現場から論破するのである。

多くの場合、ホームレス問題というと、いかにシステムを改善するかという話になるのだが、著者ははっきり語る。「個人との全的（トータルな）出会いから始めるべきでしょう」と。まさにこれこそ「牧会者」の言葉である。これは社会を新しくする「絆」の創造への促しではなかろうか。つまり、著者の問題意識は「何」ではなく、「だれ」なのである。「ハウスレス」ではあっても、人間的絆に生きることができれば、「ホームレス」ではない。夜に帰る所もなく街をさまよう少年少女は、「ホームレス」なのである。「ほっといて」とうつむく人が、「助けて」と言えるためにこそ「絆」を創らなければならない。イエスの「ホームレス」的誕生は、人間の間に「絆」を、しかも「永遠の絆」を創るためであったし、イエスの十字架は、「愛するとは、その人のために傷つく」（八八頁）ということを人の心に刻む事件であり、「イエスの傷は、私への愛だった」（同頁）と告白せしめる出来事であった。

本書の内容をあえて言えば、「絆の神学」とも言うべきであろうか。しかし、それは空論ではなく、具体的な「ホームレス」との出会いの中から紡《つむ》ぎだされた「絆の物語の神学」である。この時代に「だれ」と、どのような「絆」を結んで生きるのかと、この本は問いかけている。

「神の家族」（エペソ二・一九）としての教会を真面目に考える人にとって、本書はどんなに深い慰めと希望の言葉となるであろうか。そして、牧師にとって「牧会」とは何であるのかを根本的に再考させてくれる本だろうし、神学生にとっては牧師になる必然性をかぎりない優しさとともに説得してくれる本であろう。それだけでなく、この時代と社会の苦悩に痛む感性の持ち主であるならば、だれもが「こんな牧師になろう」と促される本でもあるに違いない。

青山学院大学 名誉教授　関田寛雄

目次

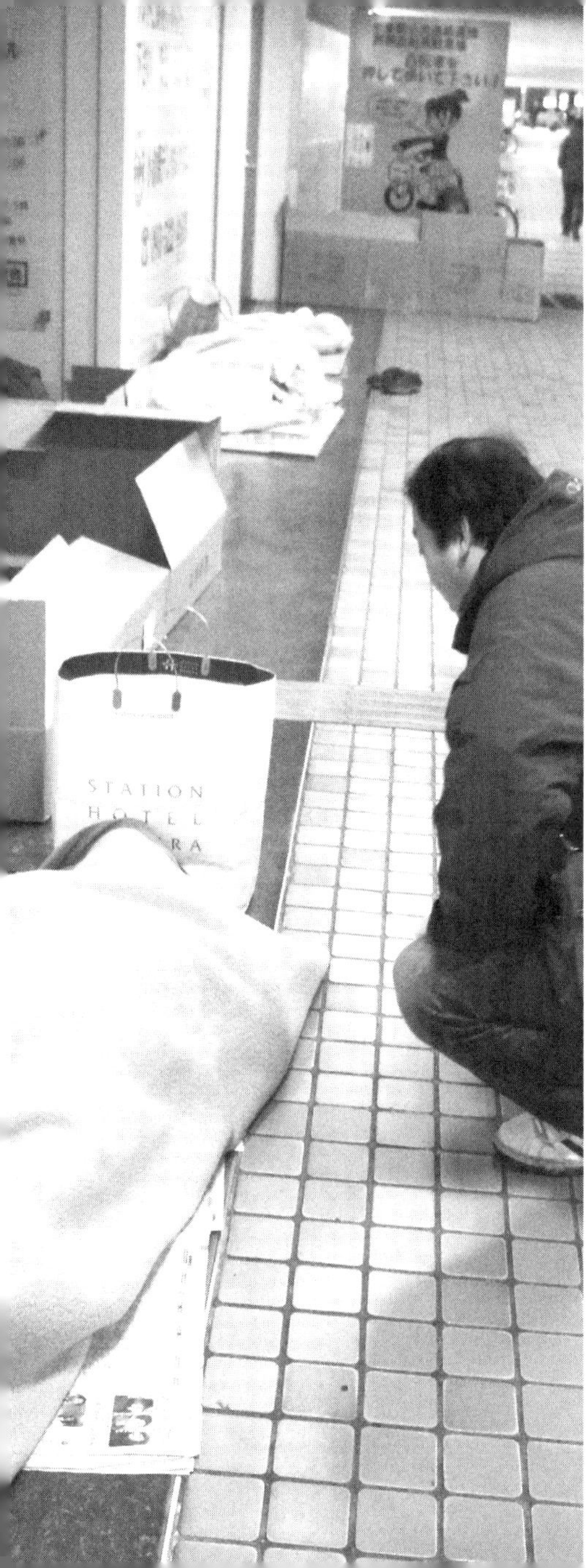

I

隠れたる神――牧師になった理由

1　はじめに――「君は、牧師になれない」

私は一九六三年、滋賀県大津市に生まれた。山間を切り開いた造成地の一画に家があり、森と田んぼ、小川に囲まれた自然豊かな山里に育った。家族は、キリスト教とは縁がないどころか、母方の祖父は神主だった。その影響か、今も「お宮さん」や「お寺さん」に行くと、なんとなくほっとする。町内会の地蔵盆では、最初から最後まで「江州音頭」を踊っている子どもだった。

両親には感謝している。親父はシベリヤ抑留を経て生き延び、帰国後結婚。高度成長期を働き抜いたサラリーマンである。母親は優しい人で、今も私を幼い子どものように心配してくれる。そんな両親の愛を受け、私はすくすく育っていった。兄がひとりおり、現在高校の教員をしている。日頃実家から遠く離れ、勝手なことばかりしている、まるで放蕩《ほうとう》息子のような弟を責めもせず、両親を支えてくれている。

ホームレス支援に取り組むなかで、自分には「ホーム」のイメージが与えられているという事実に気づかされる。しばしば「家族ならこうするだろう」と思わされる。それは、私自身が「家族」という存在に希望を持ち続けているからにほかならない。あくまで個人的な体験にすぎないので、すべての場面でこの感覚が通用するわけではない。いや、全く通じない人生を生きてきた人々も多い。「当然家族ならこうするだろう」と思い、行った支援が逆効果となることもある。しかし、私自身のなかに、それでも「家族」に対する希望や期待が尽きないのは、この両親に育てられたことに大きく起因していることは事実である。「ホームの創造」をテーマに掲げ、ホームレス支援をしてきたが、その原点は間違いなく、この大津での日々にある。

小学生の時、友人に誘われて教会学校に通うようになる。中学二年生で洗礼を受け、クリスチャンになった。キャンプ場の敷地を流れる小川での洗礼式だった。浸礼式(体全部を水に浸す)だったこともあり、水がものすごく冷たかったのを覚えている。

洗礼を受ける決心をした時、まず母親に「洗礼を受けてクリスチャンになりたい」と告げた。少し戸惑ったような表情の母の反応を、恐る恐る見守る。「お父さんに言いなさい」とだけ母は言った。私はおっかなびっくりに、今度は父親のところに行った。同じくお伺いを立てる。父は少し考え、「お前の人生なんだ。お前が決めなさい。しかし、一旦決めたなら最後まで責任をとりなさい。……ただし、墓参りだけはするように」と明確に告げた。日頃は冗談好きで、あまり真剣な話をしたことはなかったが、この日の父の一言は、今も心に残っている。正直、とても責任などとれていないが、中学二年生の私が「自分の人生」を初めて認識した日だった。

中学二年生でクリスチャンとなった私は、さっそく教会学校の先生役をさせてもらい、教会で活躍し始める。ゴスペルバンドを組み、ドラムを担当した。大音量での練習は、周りに相当迷惑をかけたと反省している。ケーネン、モトハン……教会での仲間が何よりも大事だった。彼らとは今もときどき会う。そこでの牧師やほかのクリスチャンとの出会いは、現在も私の信仰の原点となっている。教会は温かく、自分の居場所となった。

その教会は、いわゆる福音主義の教会で、非常に原則的な信仰が生きていた。「神様が常に一緒にいてくださる。祈りは必ずかなう。」それこそが信仰であると思っていた。

教会には、主任牧師のほかにふたりの伝道師がおられた。今となって思うのだが、決して豊かではない暮らしだったと思う。にもかかわらず、ほぼ毎週日曜日、私はその伝道師の先生のお宅に上がり込み、昼食によばれた。「サバの塩焼き」が、しばしばメニューに上がる。切り身が四切れほど入ったパックを開け炙る。「日曜日はサバの日なのよ。奥田君、なぜだかわかる。サバスディ（安息日）だからよ」と、先生は笑うのだった。もうひとりの先生は、しばしば私たち中高生を車に乗せ、ラーメン屋に連れて行ってくれた。何もわからず、単純に喜ぶ食べ盛りの私は、遠慮することもなくただよばれていた。

今振り返ると、いのちがけで育ててもらったと思っている。そして現在、私のなかにある教会や信仰のイメージが、食べることや生きることと直結していることは、子ども時代に両伝道師から受けた、このような恵みに基づいているのは事実だ。おふたりが本当に身を削って、中学生であった私の信仰を育ててくださった。

中学卒業を控えたある日、先生から「君は将来何になりたいの」と聞かれた。卒業のお祝いということで、やはりその日も伝道師の先生のお宅に上がり込み、「牛乳鍋」という珍しいものをよばれていた。少し背伸びをしたのかもしれない。先生たちを喜ばせたいと思ったのかもしれない。「僕は牧師になりたい。」そう言うと、ふたりの伝道師は黙ってしまった。喜んでくれるだろうという私の予測ははずれた。いつも優しかった先生が、その日だけは「君などは牧師になれない。そんなことを簡単に言ってはならない」と静かにおっしゃった。怖かった。以降、私のなかで「牧師になる」は封印された。

2　日本最大の寄せ場「釜ヶ崎」との出会い

目指していた大学はダメだった。失意のなか、関西学院大学神学部に入学。しかし、牧師になろうと思ったわけではない。ほかに行くところがなかったのだ。さいわい神学部で教員免許（宗教科と英語科）が取れると知り、すべり止めだった神学部にそのまま入学した。神から与えられる使命感も明確でないまま、四月の気だるい日だまりのなかで過ごしていた。「君は牧師にはなれない」との言葉は、私のなかでまだ生きていた。

ある日、二学年上の吉高叶《よしたかかのう》先輩（現日本バプテスト連盟栗ヶ沢教会牧師）が、「飯を食おう」と声をかけてくれ、ウカウカと出かけたのだった。そう全くウカウカと……。

いくつか電車を乗り継いで降ろされたのは、「新今宮」という駅だった。そこには、十八年間私が見てきたこれまでの世界とは、全く「別の世界」があった。たった数時間で、「豊かで平和な日本」は跡形もなく消しとんだ。そこは地図にない町――釜ヶ崎であった。

釜ヶ崎は、日本最大の「寄せ場」である。寄せ場とは、日雇い労働者を集めておく場所のことで、当時、地区内には二万人とも三万人とも言われる日雇労働者が暮らしていた。一九八〇年代初頭の日本は、その後訪れるバブルの時代を前に、景気が上向いてきていた。釜ヶ崎は、日雇労働者をより効率的に活用するために作られた町である。地区内の男女比、平均年齢、単身率など、どこをとっても、明らかに人工的に「だれかの都合に合わせて作られた町」だった。

八〇年代前半、すでに好景気時期には入っていたが、釜ヶ崎地区内には数百人が路上に寝ていた。妙な臭いが漂う（何度か通ううちに、酒とおしっこの臭いだとわかる）。「この人たちは働きもせず、何をしているのだろう。」何も知らない十八歳は、侮蔑のまなざしで彼らを上から見下し、「道の向こう側」を通り過ぎるように歩いていた。

数日後、釜ヶ崎に泊まることになった。翌朝午前四時にたたき起され、センター（地区内にある労働福祉センター、日雇就労の窓口）へ。眠い目をこすって先輩の後をついて行った私は、まさに「目が覚める」光景に出会う。早朝から仕事を探して動き出す人、人、人……。地下足袋姿で、頭にタオルを巻いたおやじさんたちが颯爽《さつそう》と道を往く。釜ヶ崎は労働者の町だったのだ。初日に私が見た人々は、その日仕事にあぶれた失業者だった。サラリーマン家庭に育った私には、想像もつかない就労形態が、そこにはあった。

一九八五年、労働者派遣法が成立する。当時釜ヶ崎では、この法案に反対の声があがっていた。法律は、専門職に限って派遣を認めるという内容だったので、建築現場の日雇労働者には直接関係ないと思われた。しかし釜ヶ崎のおやじさんたちには、いわば「認識論的特権」のようなものがあって、敏感にその法律の危険性を察知していた。当時の日雇労働組合が配布していたチラシに、「全国寄せ場化」という言葉があったことを覚えている。残念ながらこの直感は的中し、一九九九年派遣法は自由化され、非正規雇用問題は全国を席巻した。「景気の安全弁」は、現在では派遣労働者に対して使われている言葉だが、八〇年代以前から寄せ場の労働者は、まさに景気の安全弁として利用されていた。

「日雇殺すにゃ刃物はいらぬ。雨の三日も降ればよい。」重層的下請け構造が生み出す、無責任で不安定な雇用は、釜ヶ崎の労働者を常に危険と死にさらしていた。実際、多くの人々が路上でいのちを落としていた。当時市内の行路《こうろ》死者数は、二〇〇人を超えていたと思う。

冬場、越年越冬《えつねんえっとう》の闘いが始まる。年末年始の最も寒い時期、仕事にあぶれた多くの労働者が路上に投げ出される。極寒の公園の片隅で野宿する人々は、常に死と隣り合わせの状態に置かれていた。センターに一夜の寝場所を求めて数百人が並ぶ。当時は、地区内にシェルターはなく、センターの軒下にふたり一組となって布団に入る。小さな布団を分け合い眠る。靴もジャンパーも着たまま。

翌早朝、私は皆を起こして回り、起きた人から仕事を探して動き出す。

ある日のこと、起きてこない人がいるので様子を見に行った。すでに相方は起きて、どこかに行ってしまっていた。「おじさん、もう朝ですよ」と声をかけるが応答がない。慌てて布団を剝ぐ。すでに亡くなっていた。それが現実だった。

冬の雨は大敵だ。雪なら払い落とせもするが、雨は全身に染み込み体温を奪う。寒さをしのぐために酒を飲み眠る。そこへ容赦なく雨が降り続く。ある晩、公園で人が倒れていると聞き、リヤカーを持って雨のなか出かけた。水溜りのようになった公園の片隅、倒れ込むように眠っているおやじさんに、「大丈夫ですか」と声をかける。応答なし。数人がかりでリヤカーに乗せる。寒さのため、体が固まった格好のまま持ち上げられたおやじさん。その全身から雨が滴となってしたたり落ちる。その滴が公園の薄暗い水銀灯に照らされ、不気味に光っていた。

二十歳の私には、大きな衝撃であった。「この現実は何なんだ。」それまでの「常識」の一切が、崩れ落ちていった。「平和で平等な社会」はそこにはなく、人間が労働力として使い捨てにされていく、歪んだ社会の現実があった。ただ、それは釜ヶ崎だけの問題ではなく、まさしく日本社会そのものの問題だった。大学生である自分が問われたことを思い出す。

3　神はどこに行った――信仰の揺らぎのなかで

さらに私にとって深刻で、容易ならざる事態であったのが信仰の問題、すなわち神の存在に関わる問題であった。何人もの人々が路上でいのちを落としていく。生きている人も、人間としての尊厳を剝ぎ取られ続けている現実。そんな彼らの前で祈ることは、むなしく思えた。

「神がおられるのなら、なぜこんなひどい現実を放置されるのか?」「そもそも神などおられるのか?」「神は、どこにおられるのか?」それが二十歳の私の正直な問いであった。絶望的な現実は、「神不在」を証明しているかのように私には思えた。信仰が揺らぎ、希望も愛も揺らいでいった。その私の底なしのむなしさは、怒りに転化されていった。人民パトロール(労働者と一緒になってデモをする)に参加し、襲いかかる機動隊に怒りをぶつける。しかし、満たされることはなかった。「信仰」に空いた穴は、さらに大きく深くなっていった。そして、二年余りが過ぎた。

今思えば不思議なのだが、それでも私は教会には通い続けており、礼拝堂の一番後ろ辺りを陣取って、斜めに構え牧師の話を聞いていた。そして、心のなかで呟いていた。「教会はきれいごとばかり。釜ヶ崎できょう死んでいく人の前で、そんなことが言えるか。」あの純粋だった少年は姿は消し、じつに不遜な神学生が礼拝堂の後ろに座っていたのだった。

そんな時、大学の授業で一冊の本が紹介された。ユダヤ人作家であるエリ・ヴィーゼルの『夜』だった。ヴィーゼル自身は、ユダヤ教の信仰に立ってこの小説を描いている。しかし当時の私にとっては、十字架の神、イエス・キリストを理解するうえで、しかも釜ヶ崎に象徴される現実の世界のなかで神を理解するうえで、大きな示唆を与えてくれた本だった。

小説の舞台は、アウシュビッツ強制収容所である。ある日、発電所が破壊される事件が起こり、その犯人として三人のユダヤ人が見せしめのために公開処刑されることになる。そのうちのひとりは子どもだった。少し抜粋し引用する。


「ある日、私たちは作業から戻ってきたときに、三羽の黒い鳥のごとく、点呼広場に三本の絞首台が立っているのを見た。点呼。……縛りあげられた三人の死刑囚――そして彼らのなかに、あの幼いピーペル、悲しい目をした天使。

親衛隊員は、いつもより気がかりで、不安を覚えているように見受けられた。何千名もの見物人の前で男の子を絞首刑にするのは些細な仕事ではなかった。収容所長は判決文を読みあげた。すべての目が子どもに注がれていた。彼は血の気がなく、ほとんど落ち着いており、唇を噛みしめていた。絞首台の影が彼を覆いかくしていた……。

三人の死刑囚は、いっしょにそれぞれの椅子にのぼった。

三人の首は同時に絞索の輪のなかに入れられた。

『自由万歳！』と二人の大人は叫んだ。

子どもはというと、黙っていた。

『神様はどこだ、どこにおられるのだ。』私のうしろでだれかがそう尋ねた。

収容所長の合図で三つの椅子が倒された。

全収容所内に絶対の沈黙。地平線には、太陽が沈みかけていた。『脱帽！』と収容所長がどなった。その声は嗄《か》れていた。私たちはというと涙を流していた。『着帽！』

ついで行進が始まった。二人の大人はもう生きてはいなかった。腫れあがり、蒼みがかって、彼らの舌はだらりと垂れていた。しかし、三番目の綱はじっとしてはいなかった――子どもはごく軽いので、まだ生きていたのである……。

三十分あまりというもの、彼は私たちの目のもとで臨終の苦しみを続けながら、そのようにして生と死とのあいだで闘っていたのである。そして私たちは、彼をまっこうからみつめねばならなかった。

私が彼のまえを通ったとき、彼はまだ生きていた。彼の舌はまだ赤く、彼の目はまだ生気が消えていなかった。

私のうしろで、さっきと同じ男が尋ねるのが聞こえた。

『いったい、神はどこにおられるのだ。』そして、私は、私の心のなかで、ある声がその男にこう答えているのを感じた。

『どこだって。ここにおられる――ここに、この絞首台に吊るされておられる……。』」

（『夜』村上光彦訳、みすず書房）

「神様は、どこだ。どこにおられるのだ」は、まさに当時の私の問いであった。ヴィーゼルは、アウシュビッツという地獄でそう問うたのだ。そして、最後の最後でヴィーゼルは、それでも神の存在を宣言したと私には思えた。「神はあの子と共に絞首台に吊るされておられる。」――神の場所が示されていた。「地獄としか言いようのない収容所の絞首台に、なお神がおられると言うことができるなら、まだ希望はあるのかもしれない。」私にはそう思えたのだ。

ヴィーゼルのこの告白は、何らかの客観的事実を示すものではないだろう。現実は地獄のままだっただろう。救いはなかったのだ。しかし……。そうであるがゆえに、ヴィーゼルは神の存在をそのロープの先に告白したのだと思う。いや、彼は告白せざるを得なかったのだと。

十字架の主イエス・キリストを思う。「エリ、エリ、レマ、サバクタニ（わが神、わが神。どうしてわたしをお見捨てになったのですか）」。この絶叫は、神の居場所を私たちに告げている。キリストは十字架において、神なき絶望のただ中におられたと聖書は告白する。到底、神とは結びつかない現実。栄光もない、豊かさもない、平和もない。そのような十字架のキリストを告白する。そもそも聖書の信仰とは、このようなものだ。「信じよう。」そうとしか言いようがなかった。「神様がおられる」という確信を得たのでも、その証拠をつかんだのでもない。私にとって現実は混迷を極めていた。神々しい神の姿を思わせる現実はなかった。神を見いだせない私には、「神などいない」と言うことのほうが、よほど「自然で人間的」だった。

しかし信仰とは、自然でもなければ、人間的でもない営みなのだ。まさに、キリスト信仰は、断念と服従によって担保される。「神はいない」、「希望はない」――そういういわば、「自然な結論、納得できる結論」はあきらめた。いや、それを認め生きていく勇気が、私にはなかったのかもしれない。

神が愛であり、希望であり、赦しであり、和解であり、平和であるとするならば、もしその神がおられないなら、愛も、希望も、赦しも、和解も、平和もこの世にはなくなってしまう。正直私には、それが耐えられなかった。はなはだ不遜な言い方ではあるが、

「それでは困る」と思った。「そんな現実だからこそ、神はいてもらわないと困る。」当時の私の正直な思いはそうだった。釜ヶ崎の現実は、二十歳すぎの私にとって、そう言わざるを得ないほど厳しいものであったのだ。

4　神様を探す——牧師になる

私は、大学三年で牧師になろうと決めた。現実が好転したわけでも、何かそう思わせる「神がかりな事態」が起きたのでもない。現実は一切変わらず、「神はどこにおられるのか」との私の問いは、すでに日常化していた。

「神はどこだ。どこにおられるのだ。」こんなことを考えている人間が、牧師になることなどできるのか。しかし結局のところ、私が牧師になったのは、生涯を通じてこの問いの答えを探すためである、としか言いようがない。それが、牧師になった理由なのだ。

答えは今もはっきりはしない。しかし、混迷がさらに深まる今日の社会において、「神はおられる。いてもらわないと困る」という思いはますます深まり、「神を探す」日々はより忙しくなっている。

牧師というものは、何かを悟った人ではないだろう。もちろん、すでに神を見いだしている人でもない。信徒も牧師も厳しい現実のなかでもがいており、ただ聖書を頼りに神を探しているのだろう。「神はどこにおられる。」それは、私たちの人生そのものの問いであり叫びなのだ。生きている限りこの問いを、問い続けなければならない。

神を探し続ける私たちは、たまに神を見いだすと、周りの人々と共に喜ぶことができる。「こんなところにおられた」、「ここに希望があった」、「ここにいのちがあった」と言って感謝する。それが、教会ということなのだろう。

私にとって牧師とは、この問いを問い続け、神を探し続ける仕事なのだと思っている。また所詮、そんな仕事なのだとあきらめてもいる。牧師だから神がわかるとか、見えているなどあり得ない。だから平穏でもない。そもそも世界が平穏ではないのに、牧師やキリスト者だけが平穏であること自体あり得ないことだ。「神不在と思われる絶望的な現実であるゆえに、神はいなければならない。」そう告白しつつ、私はきょうも探し回っているのだ。

「神がいることなど、本当に信じられるのか」と客観的に語る余裕などない。答えはただひとつ。「神は必ずおられる。どこかはわからないが、おられる。」暗雲垂れ込める現実のなかで、そう信じざるを得ない。「意地でも神を見つけ出し、人々と一緒に希望を見つけ出して喜んでやろう。」相当なる傲慢《ごうまん》だが、それが牧師として立った時の思いだった。実存主義者の思い込みだと思われるかもしれない。そんなのは信仰ではないと。しかし、神などいないという自然な結論に終わらず、「いないと困る。探そう」と思えたこと、牧師となったことは、ほかならぬ神の導きだと信じている。じつは、神の側が私を探し求めてくださり、ご用へと召されたのだ、と信じている。

「釜ヶ崎に行ってから、奥田君は変わってしまった」と牧師先生たちは、さぞ心配されたことだろう。大学二年生の終わり、伝道師の先生たちを訪ねた。牧師になることを告げるためだった。五年前のあの場面がよみがえり、恐る恐る切りだした。「僕は牧師になりたい。」さらに私は、このように付け加えた。「牧師となって、信徒と共に教会を作っていくことを考え、僕は、この教会を移ります。ごめんさい。」どれだけ先生たちをがっかりさせるか。いや再び、「牧師になれない」と叱られるのではないかと、私の思いは錯綜した。

しかし、ふたりの先生は静かに私の申し出を受け止めてくれ、祝福の祈りをしてくださった。小学校四年以来の教会での日々が、走馬灯のように頭のなかを駆け巡っていた。その後、主任牧師のもとへ。先生もまた「あなたのことは毎日祈っていました。道が祝されますように」と祈り、送りだしてくださった。これらの先生たちに祈られて、私は今牧師をしている。

5　最後に――隠れたる神

では、私たちは、どこに神を見いだすのか。私が牧師になった当時、どこまで考えていたか定かでないが、その後、牧師としての歩みのなかで考えさせられ続けていることを最後に述べる。

聖書に登場する預言者イザヤは、「イスラエルの神、救い主よ。まことに、あなたはご自身を隠す神」（イザヤ四五・一五）と告白した。十六世紀のドイツの神学者であるマルティン・ルターは、自らの神学の中心を「隠れたる神」に置いた。神学者レーヴェニヒは、ルターの十字架の神学について、以下のように指摘している。

「十字架の神学は、思弁による認識を退ける。（中略）ルターにとって宗教的思弁は、みな栄光の神学である。栄光の神学においては、キリストの十字架のもつ基本的意義が神学的思惟全体に対して、正当な位置を与えられない（中略）。キリストの十字架は、人間にとって直接的な神認識がないことをあきらかにする。キリスト教に関する思惟は、十字架の事実に直面して停止せざるをえない。（中略）十字架を無視して栄光の神学になるか、あるいは、十字架が新しくキリスト教思惟の原理となって、十字架の神学となるかどちらかである。」

（『ルターの十字架の神学』岸千年訳、グロリア出版、一九七九年、二三一～二四頁）

「宗教的思弁は、みな栄光の神学である」というレーヴェニヒの指摘は重要だ。私たちは「宗教的思弁」つまり、神に関して人間が持つ宗教的な想定をもって、神を見いだそうとする。だから、苦難が私たちを襲うと「神はどこにおられるのか」と呟き、神の不在を嘆く。しかし、それは私たちの思弁と思惟において想定している場所に、これまた私たちが想定した神を見いだせないということにすぎない。「神がおられるのなら、なぜこのような悪が存在しているのか」、もしくは「このような悪が存在するのなら、神はおられない」という神義論の問いと答えは、すなわち私たちの「宗教的思弁」にすぎない。

栄光のなかに神を見いだし、豊かさと請願成就の有無が神の存在証明であると私たちが言うなら、それは十字架のイエス・キリストを否定することであり、十字架抜きの安価な恵みにすぎない。私たちは十字架から離れ、あまりにも「宗教的思弁」に生きすぎたのではないか。

結果、教会は「栄光化」し、十字架の高価な恵みを求めることを怠った。そして困難にあうとすぐに「神などいない」と嘆く脆弱《ぜいじゃく》な信仰へと私たちをおとしめるか、あるいはそのような苦しむ人々を「不信仰」と切り捨ててきたのかもしれない。

「神は隠されている」。ルターはこの信仰に立ち、神の場所を私たちの思弁の「反対の形」(sub contraia specie)に見た。ルターは著書『ローマ書講解』のなかで、次のような逆説的な言辞をもって神を告白する。

「われわれにとってよいものは隠されており、また、深遠なものであるからこそ、逆の相の下に隠されているのである。このようにわれわれの生は死の下に、われわれの愛はわれわれの憎しみの下に、誉れは恥の下に、救いは滅びの下に、支配は追放の下に、天は陰府の下に、知恵は愚かさの下に、義は罪の下に、力は弱さの下に隠されている。一般的にすべてのよいものをわれわれが肯定するとき、それは同じように反対の下に隠されており、それだからこそ神に対する信仰が場所を得るのである。神は否定的な本質、善、知恵、義であって、われわれが肯定するすべてのものの反対の形でなければ、得ることも、達することもできない。」

（『ルター著作集　第二集』第九巻、リトン、二〇〇五年、一八〇頁）

反対の形——死と憎しみと恥と滅び、追放と陰府と愚かさと罪と弱さ——に神を見いだす。考えてみれば、それが釜ヶ崎が負わされていた時代の十字架だったのかもしれない。

私の釜ヶ崎での活動は、大学院卒業まで続いた。西南学院神学部を経て、一九九〇年、現在の日本バプテスト連盟東八幡キリスト教会牧師に就任した。今、私は初任地で二十二年目の春を迎えている。釜ヶ崎での出会いから与えられた問いに、今も「服従」させられ続けている。結果、ホームレス支援活動から抜けられない。そして、牧師として教会に集う人々と共に、また路上に生きる人々と共に、「ご自身を隠す神」を探し続けている。「わが神、何ゆえ私を捨てたか」との叫び絶えぬ現場のただなかにこそ、十字架の神がおられることを信じて。

II

「ホームレス」とはだれか

「ホームレスとはだれか」――ホームレス支援活動を始めて二十年間、この問いは私のなかに常にあった。「ホームレス」は、一般には「野宿者」を意味する。政府もホームレス自立支援法において、「都市公園、河川、道路、駅舎そのほかの施設を故なく起居の場所とし、日常生活を営んでいる者」と規定している。しかし……、ホームレスとはだれなのか？

野宿状態は、身体面や精神面はもちろんのこと、就職や生活保護申請など、多くの社会的手続きの困難を本人に強いる。彼らは、住、食、衣、医あらゆる面で窮乏《きゅうぼう》状態に置かれており、それは人として生きる最低限の権利を侵害された状態である。

これまで、私たちはそのような状態を「ハウスレス」状態と呼んできた。「ハウス(house)」は、「家」に象徴されるあらゆる経済的・物理的必要を指す。家がない、着物がない、食べ物がない、仕事がない、お金がない……。支援現場は、常にこの経済的・物理的困窮との闘いであった。支援活動が炊き出しから始まるのは、このハウスレス状態（物理的困窮）が、まずもっての課題であったからだ。これらは生存権の問題であり、本来憲法によって国が義務とされている公的扶助《ふじょ》に関する問題である。

一方で、彼らは「ホームレス」と呼ばれている。「ホーム（home）」は、家ではなく家族、友人、知人など、人と人との絆を指す言葉だ。私たちは「ホームレス」を関係の困窮と理解し、ホームレスを「絆が切れた人々」として支援してきた。「ホームレス」と「ハウスレス」は違うのだ。

路上で亡くなる人の多くが、「無縁仏」として最期を迎える。ホームレス支援は、物理的困窮＝ハウスレスとの闘いであると同時に、この無縁＝ホームレスとの闘いでもあるのだ。「畳の上で死にたい」という切実な願いに応え、アパート入居の支援を行う。そして、念願の「畳」へ。しかし、それですべての問題が解決されたわけではない。いや、そこから本来の「問い」が始まると言っていい。当然とも言うべき次の「問い」へと人は向かう——「自分の最期はだれが看取ってくれるだろうか。」この問いこそが、ハウスレスを脱しても、いまだにホームレス状態にある人の問いなのだ。

「自立」が「孤立」に終わるなら、そのような支援は不十分と言わざるを得ない。常に支援の現場では、「彼にとって何が必要か?」(物理的問い。家、食など)と同時に、「彼にとってだれが必要か?」(人格的問い)を問い続けた。そして、その「だれか」のひとりになることを目指してきた。対人援助の現場では、この二つの問いが必要なのだ。「ホームレス」と「ハウスレス」。それが私たちの活動の基本的視座であった。

ホームレス支援活動を始めてすぐのころ、深夜に中学生が、寝ている野宿者を襲撃するという事件が頻発した。被害者と一緒に中学校を訪ねた帰り路、被害者であるおやじさんは、私にこう語りかけられた。「夜中の一時、二時に町をウロウロしている中学生は、家があっても帰るところがないのではないか。親はいても、だれからも心配されていないのではないか。帰るところのない奴の気持ち、だれからも心配されない奴の気持ちは俺(ホームレスである自分)にはわかるけどなあ……。」

衝撃を受けた。家のある中学生と野宿状態のおやじさん。あるいは、家族のいる中学生とひとりぼっちのおやじさん。ましてや加害者と被害者のその両者は、全く違う存在のように私には映っていた。しかし、このおやじさんの一言は、この両者が「ホームレス」という同じ十字架を背負っていることを明確にしていたのだ。

中学生とホームレス——共に絆（ホーム）を失った人たち。家庭崩壊、学級崩壊、地域の崩壊、関係がことごとく崩壊する時代に私たちは生きている。野宿ではないが、小学生のホームレスがいるのではないか。サラリーマンのホームレスがおり、ホームレス老人が孤独死を遂げる。家（ハウス）には住んでいるが、帰るところ（ホーム）を失っている人々、絆が切れた人々の現実が見えてきた。ホームレス支援の現場は、現代社会の現実と問題点を見事にあぶり出していたのだ。

私たちの社会そのものがホームレス化しているのならば、ホームレス支援は、単なる社会復帰の課題ではなく、それは新しい社会の形成、絆の創造に向けた働きとならざるを得ない。

「人はパンだけで生きるのではなく、神の口から出る一つ一つのことばによる」（マタイ四・四）とは、イエスの有名な言葉。それは「パンはいらない。心が大事」という精神論を説いた言葉ではない。イエスご自身、「パン」の大切さは十分知っておられた。聖書のなかで、イエスが四十日間にも及ぶ荒野での断食後、「石をパンに変えよ」という悪魔の試みにさらされたことが記されている。イエスは、空腹のなんたるかを十分に知っておられた。

それだけではない。イエスは苦しむ人。病の人を尋ね歩かれた。旅から旅の人生は「人の子（イエス自身）には枕する所も」ない（マタイ八・二〇）、と言われるような日々だった。イエスは野宿のつらさも知っておられたのだ。私たち人間が持つ肉体の弱さをご存じだったイエス。しかし、そのイエスが宣言されるのだ――「パンだけじゃ、ダメだ。」

「みことば」、すなわち聖書の一言一言は、神のモノローグ（独り言）ではない。神は独り言を言うほど、孤独でもお暇でもない。また、「みことば」は「呪文」でもない。それを唱えると、パンが出てくるなどという奇蹟が起こるわけでもない。「みことば」は、私に語りかけられた生ける神の言葉であり、神と人との「絆」なのだ。ホームを失った者たちを絆（ホーム）へと招く神の言葉、それが「みことば」なのだ。

「あなたを赦す。あなたのことを愛している。あなたが必要だ。あなたも出て行って、人々の隣人となりなさい。」このような「みことば」を聞くことができるなら、私たちはひとりではないことを知る。「みことば」によって、失われた関係は回復し、絆は結び直される。

「俺たちは、弁当をもらいにだけ来てるんじゃない。声がほしい。だれかとつながっていたいんだ。」ある夜、炊き出しの列に並ぶおやじさんが言った一言を忘れられない。イエスは、そんなホームレスな人々との絆を結ぶために語り、とことん共にいるために十字架の道を歩まれたのだ。

ホームレスとはだれか？　はたして教会は、絆が切れた人々のホームとなれるのだろうか？

帰るところ

二〇〇六年一月七日、JR下関駅は炎に包まれた。放火だった。逮捕されたのは、八日前に福岡刑務所を満期出所したFさん七十四歳。今回で十一度目の逮捕だった。このFさんは、七十四年間の人生のうち五十年近くを刑務所で過ごしてきた。

記録によると、これまで裁判のたびに「知的障がい」を指摘されてきたにもかかわらず、きょうに至るまで療育手帳は取得できていない。裁判において毎回指摘されつつも、障がい者福祉における障がい認定を受けられないまま、Fさんは放置されてきたのだ。裁判での障がいの認定は司法の範疇《はんちゅう》であって、事件に対する責任能力の判定をするため、すなわちさばくためのものである。「障がい」を持った受刑者、しかも身寄りのない人が出所後どのように生きていくのか、その際に福祉的な施策を利用できるのかは、だれも問題にしてこなかった。

言うまでもなく放火は重罪だ。だが、Fさんを断罪することだけが、社会のなすべきことだろうか。身元引受人もなく満期出所した刑余者、七十四歳。所持金もなし。しかも「知的障がい」を持っている野宿老人。「刑務所に戻りたかった」が犯行理由だという。身勝手な犯行と言わざるを得ない。しかしあの夜、選ぶべきどのような選択肢があったと、私たちはFさんを諭すのか。社会の側はそれを提示できないでいる。くり返し言うが、どんな事情があっても放火はダメだ。しかし、彼は何をあの夜選ぶべきだったのか。私たちは「あの日の選択肢」にどう答えられるのか。

この問いに対して自問すれども自答できぬまま、私は逮捕されたFさんを警察署に訪ねた。新聞を見ただけだったので全く面識はない。でも「全く面識がなかったこと」に責任を感じていた。事件当日、彼は北九州市（私の地元）にいたからだ。生活保護の申請を断ったばかりか、下関駅まで切符を渡したのは、ほかならぬ福祉事務所だった。「もし出会っていれば。」傲慢かもしれないが、そんな思いが私にはあった。じっとはしていられなかった。

面会室に現れたのは、弱々しいひとりの老人であった。事情を聞く。やはりFさんは、「刑務所に戻りたかった」と放火の理由を述べた。しかし、なぜ放火だったのか。はなはだ不謹慎な言い方であるが、刑務所に行くにはほかにも方法はあるはず。尋ねると、Fさんはガラス越しに自分のお腹を見せながらこう言われた。

「小学生の時、お父さんの言いつけを守らず遊んでいました。夜中お父さんに風呂のたき口に連れて行かれ、火のついた薪をお腹に押しつけられました。あれ以来、父と火を恨むようになりました。」お腹には大きな傷跡が残っていた。それは彼自身の心と人格にも大きな傷《トラウマ》を残した。

支援を始めるにあたって、必ず尋ねることがある。「人生で最もつらかった時はいつですか。」これは今後支援において、絶対に避けるべきポイントを確認するためだ。Fさんは、「刑務所を出た時に、だれも迎えに来なかった時です」と明確に答えられた。「今度出所される時は、私が必ずお迎えに伺います」と言うと、うれしそうにお辞儀をされた。もうひとつは、「人生でいちばん良かった時はいつですか」である。これによって支援の目標を定める。しばらく沈黙した後、Fさんはポツリとこう言われた。「やっぱり、お父さんと暮らしていた時がいちばん良かったなあ。」私のなかに大きな衝撃が走った。

その後、裁判が始まった。争点は、Fさんの精神状態、責任能力、駅を全焼させる意図があったかなどで、それらが審議された。だが、残念ながら社会自体を問うことはなかった。私は情状《じょうじょう》証人にもなり、裁判で証言した。身寄りのないホームレス状態の人が、単独で地域生活を始めることがいかに困難かを説明し、最後に刑を終えたFさんを引き受ける覚悟があることなど証言した。その後、Fさんの身元引受人となり、現在に至っている。

しばらくして、本人との手紙のやりとりが始まった。すでに六十通を超えている。手紙にはくり返し、同じフレーズが書かれる。「これまで刑務所を出る時、迎えに来た人はだれもいません。今度は奥田さんが来てくれるのでうれしいです。」事件以後、彼の手紙には必ずそのことが書かれていた。

二〇〇八年三月十二日、求刑・結審を迎えた。私は、それまでの裁判はすべて傍聴してきたが、この日だけは他用があり、裁判に出席できなかった。検察側は懲役十八年を求刑した。その夜、傍聴した新聞記者から電話があった。

「奥田さん、きょうの裁判来られてなくて残念でした。きょう、最後の本人尋問がありFさんが証言されました。これまでの裁判では『刑務所に戻りたい』とくり返していたFさんが、裁判の終わりになって初めて、『社会に戻りたい。奥田さんのところに行きます』と証言されたんです。僕感激したんで電話しました」と、記者は興奮気味だった。

しかし、すでに七十六歳になっていたFさんには、求刑の十八年は長すぎる。このままでは、生きては出てこられないだろう。不安を抱えたまま判決を迎えた。担当してくれた弁護士も、「十五年は覚悟してください」と言っていた。

裁判長が判決を読みあげる。当然「有罪」。だが、「懲役十年に処する。ただし未決拘留期間を六百日認める。」この判決に裁判所がざわめいた。実質八年という、意外な結果だった。検察側の控訴も十分考えられたが、こちらも控訴断念の嘆願などをし、検察側の控訴もなく刑は確定した。

判決当日、夕暮れ迫る拘置所を訪ねた。Fさんは、いつもどおり淡々と「お世話になりました」と言った。「八年です。Fさん。死んだらいかん。生きてください。生きて出てきてください。あなたにはやるべきことがある。刑務所以外に行き場のあることを皆に示す責任がある。僕も八年間でやるべきことをやりますから。その日、僕が必ず迎えに行きます」と言うと、Fさんは声をあげて泣き出された。

出会って二年、初めて感情を表に出された瞬間だった。

聖書のルカの福音書一五章にある「放蕩息子のたとえ」では、放蕩していた息子がついに父のもとへと戻っていったことが記されている。息子の帰りを待ち続けた父は、まだ家から遠く離れていたのに息子だと気づき、走り寄って彼を抱きしめ口づけをした。

人はひとりでは生きてはいけない。いざという時、私たちには帰るところ（ホーム）が必要なのだ。

「帰るところ」、それはさばきと赦しのある場所、十字架と復活の場所、いのちの場所である。この放蕩息子の物語は、人には「帰るところ」が必要であるという事実を端的に表している。父なる神は、きょうも息子の帰郷を待っておられる。私たちには、「帰るところ」があるのだ。

子どものころの不幸な出来事や、その後くり返された犯罪が原因で、Fさんは家族と断絶し、「帰るところ」を失った。そして五十年もの間、ひとりぼっちで生きてきた。親といえども「帰るところ（ホーム）」になれないことがある。人は弱い。しかし、それでもなお「お父さんと一緒が良かったなあ」と言う息子は、どこに帰ればいいのか。

私たちは、イエス・キリストのたとえ話によって、自分にはなお「帰るところ」があることを知る。父なる神は、私たちを待っておられる。そして、遠く離れていても私たちを見つけ出し、走り寄り抱きしめてくださる。その恵みの重要さに気づいた私たちは、どう生きるべきか。

今日「帰るところ」を失った人々、すなわち「ホームレス（絆を失った）」な人々が増えている。時代はますます無縁の様相を呈している。このような時代のなかで、私たちが「ホーム」になることができるのか、教会はホームになれるのだろうか。

Fさんとの再会まであと六年。祈りつつ、自分がなすべきことに備えたいと思う。

市内の夜間炊き出しパトロール。声をかけて回る

福耳

教会員Iさんのお母さんが召された。突然のことだった。

そのお母さんのところに訪問や、見舞いに行くと、必ずと言っていいぐらい耳の話になる。別に耳が特別よく聞こえるなどという話ではない。

「あーたの耳は、福耳って言ってね。昔からお米がのるってんで、すごくいいのよ」と言われ、私の耳を指でつまんでプヨプヨ触られる。少しくすぐったいが、悪い気はしない。

福耳というのは、福相のひとつで「裕福な運命をそなえた人相」ということらしい。もちろん、迷信である。

「あーたの教会、最近調子いいんじゃないの。結構なことよ。福耳のおかげよ」とお母さん。

「いえいえ、お母さん。あれは僕の教会って言うわけではなく、お母さんの教会でもあり……それに、調子の良さはイエスさまのおかげでして……」と反論するが、このお母さんと話していると、「まあ、いいか」と思ってしまうから不思議である。

迷信とわかりつつも、「福耳」はなかなかよかった。牧師就任して間もない僕には、何であれ褒められることが肥やしになった。また、お祈りをすると合いの手が入るのにも困った。

「はいはい。そうそう。はい。」先生の前で朗読させられる生徒じゃないのだから……。しかし、

「まあ、いいか」、そんな調子になる。

葬儀会場の最前列に並ぶ、孫たちの髪の毛の色は壮観だった。どこの国の方がご列席か、と思われた人もいただろう。みんな、顔は幼いころの面影を残している。ある日、金髪で現れた孫に、このお母さんは「あーら、きれいね。いいじゃない」と言われたそうな。大人の多くは、金髪の子どもに眉をひそめる。しかし、この戦中派のおばあちゃんは、驚くべき自由さをもって受け入れた。そんなおばあちゃんだったから、孫たちは安心して甘えていたのだろう。

福耳であろうが、金髪であろうが、人は受け入れられ、褒められると元気になる。そこから始まる。知ってか知らずか、このお母さんは人を元気にさせる人だった。子どもを亡くし、ご主人も二十年以上も前に亡くされた。苦労も多い人生だったと思う。しかし、さっぱり、あっさり、ユーモアたっぷりに過ごしていたのが、印象的だった。

今ごろ天国で、イエスさまでもつかまえて、「あーら福耳ね」なんてやっていそうで楽しい。お別れするのはさびしいが、また後ほど、天国で僕の耳でも触っていただこうと思う。

それまで、しばらくの間、さようなら。そして、ありがとうございました。

イエスはアホや

竹内さんと出会ったのは八年前。バブルの崩壊で、勤めていた会社が倒産し、その後、様々な事が重なって野宿に。駅前の雑踏のすぐ脇に、竹内さんの段ボールハウスはあった。

初めて会った日、竹内さんは伏し目がちにこう言われた。「私は寝る前にいつもお祈りをするんです。」驚いた。支援の現場で「お祈り」という言葉はめったに聞かないからだ。恐る恐る尋ねてみる。「もしかしてクリスチャンですか。」「いいえ、違います。こんな状態になって、神仏にはもう期待していません」と竹内さん。「じゃあ、何を祈っているのですか」とさらに尋ねると、彼は一段と肩を落とし、こう答えられた。「寝る前に、もうこのまま目が覚めませんように、そう祈るんです。」深い絶望が私たちを包んだ。

その後、自立された竹内さんからこんなことを聞いた。

「ホームレス状態になって一番苦しかったのは、食べられないことでも、眠れないことでもありませんでした。普通に暮らしていた時は、公園を散歩しても、見知らぬ人が声をかけてくれました。『こんにちは』と、何気ない一言が自然に交わされていました。しかし、一旦ホームレスになるとだれも声をかけてくれません。自分はここに存在しているのに、まるでいないかのように、自分の前を大勢の人が通り過ぎて行きました。そのことが一番つらかったです。」

彼らが失ったものは、「ハウス」という家に象徴される物理的、経済的なものだけではない。彼らは「ホーム」と呼べる関係や絆を失っている。だから支援の現場で第一に行うのは、「訪ねる」こと。炊き出しパトロールには、そんな「忘れられた人々」を訪ねて回ること自体に意味があると思っている。

「こんばんは。どうしておられますか。」この時代、食べ物ならば何とか探し出せる（ただし、それは残飯ではあるが……）。でも彼らにとって、「こんばんは」の一言は容易には見つからない。食事とともにだれかがそれを届けなければならない。「あなたのことを決して忘れてはいない」と告げなくてはならない。

有名な「よきサマリヤ人のたとえ」と呼ばれる話が聖書にある（ルカ一〇・三〇～三七）。強盗に襲われ、瀕死の重傷を負った旅人（ユダヤ人）の前を、祭司（宗教者）もレビ人（神の律法に生きていると自負していた人々）も通り過ぎて行く。彼らは、「反対側を通り過ぎて行った」のだ。最後に、襲われた旅人、すなわちユダヤ人とは仲が悪かったサマリヤ人が通りがかる。彼は「こちら側」に近づき、旅人を助け、宿屋に運び介抱した。このたとえ話の後、イエスは問われる。「だれが、強盗に襲われた者の隣人になったと思いますか」と。そして命じる。「あなたも行って同じようにしなさい」と。

助けるにも、介抱するにも「道のこちら側を通る」ことから始まる。「隣人」、この存在こそが、ホームレス状態に置かれた人々が求めていることにほかならない。訪ねたところで、すぐさま問題が解決するわけではない。出会ったその日に入居できる家もない。しかし、そもそも「訪ねる」こと自体に意味があると思っている。すべてはそこから始まる。

「ホームレス状態」は、「隣人不在の状態」を意味する。ならば、それは野宿者だけの問題ではない。

「いじめが原因で中学三年の夏ごろより荒れ始め、まるっきり違う人格のようになり、家庭内暴力になって、何か違う方向へ行く危険性もあり不安でした。親が気づいても病院の受診がない、診療したことがないからなどと断られる。医師、児童相談所、教育センター、教育相談所など、いろいろ回りましたが、動いてくださる先生はひとりもいらっしゃらない。入院して二十日あまり。まじめでおりこうさんを装っているとのこと。大きな不安に包まれています。入院当日『おぼえていろよ、ただではおかないからな』という言葉が忘れられません。心の闇がもっと広がるような気もします。」

これは、二〇〇〇年五月に起こった佐賀バスジャック事件で逮捕された、当時十七歳の少年の母が、ある大学教授に宛てた手紙の一節（朝日新聞に掲載）である。

母親は、息子の「心の闇」を心配しつつも、さらに深いこの世の闇に絶望している。「動いてくださる先生はひとりもいらっしゃらない。」なぜなら、この世は「関わらない理由」を常に準備しているからだ。「病院の受診がない、診療したことがないからなどと断られる。」私は、この手紙を読んだ日の衝撃を忘れない。「ひとりもいらっしゃらない。」教会はあの日、何をしていたのか。私はどこにいたのか。

なぜ私たちは関わらないのか。所詮「自己責任」であると思っているからだ。その一方で病気にしても、失業にしても、現代の困窮の原因が個人にのみ起因するものでないことは皆が気づいている。にもかかわらず、私たちは「自己責任論」を振りかざす。それは「自己責任」と言い切ることで、「助けない」こと、「関わらない」ことを正当化するためだ。

「自己責任論」は、「助けないための理屈」にすぎない。もっともらしい「理屈」を掲げ、「道の向こう側」に逃げる私たちに対して、「あなたも行って隣人になりなさい」とおっしゃるイエス。「赤の他人の事柄に口を出せ」とイエスは要求される。

正直なところ、私たちは赤の他人に関わることを忌避《きひ》している。関わると時間も自由も犠牲になるからだ。お金もかかるかもしれないし、第一疲れる。「そんなことで、思いわずらうのはごめんだ」と思っている。だから、見えないふりをして「向こう側」を通り過ぎていく。それが、賢い生き方だと思っている。

「祭司長たちも同じように、律法学者たちといっしょになって、イエスをあざけって言った。『他人は救ったが、自分は救えない』」(マルコ一五・三一)。

イエスが十字架にかけられた時、周囲の人々はイエスをあざけった。あざけりとは、ばかにすること。皮肉なことに、イエスを十字架にかけた者たちでさえ、イエスが「他人を救った」ことを認めている。しかし、だからこそ彼らはイエスをあざけったのだ。「他人のことに必死になって自分は後回し。他人は救ったが自分を救えない。イエスはアホや」と。しかし、それがイエスであったのだ。

クリスチャンたちは、この十字架のイエスを「わが神、わが救い」と告白した。あの日の「あざけり」が、すなわち、関わらないために道の向こう側を通っていく、その「賢さ」が、きょうも私たちを支配している。「自己責任だから助けない」ということは、十字架のイエスを「アホや」とあざけることと同じである。イエスをあざける者たちは、路上の叫びに耳を閉ざし、あの母親の嘆きを無視し続ける。そんな私たちの生き方を、イエスの十字架が問う。「賢く生き過ぎていないか」、「ちゃんとあざけられているか」、「キリスト者は、ばかにされてなんぼのもん」。

赤の他人と共に生きるのに、理由などいらない。それがイエス・キリストであり、それが救いだと教会は信じている。なぜなら、赤の他人であった私の罪のさばきとしての十字架を、イエスが負ってくださったからだ。神が示す本当の愛には、理由などない。あえて言うならば、人はひとりでは生きていけず、愛されなければ存在できないからである。神は、そのことをよくご存じであった。「人が、ひとりでいるのは良くない」（創世二・一八）と、天地創造の時からそういうことになっている。

ナチズムの時代、ドイツに生きた牧師でボンヘッファーという人がいる。彼は、ヒトラーに対する抵抗運動に参加し、敗戦一か月前に処刑された。戦後、その彼の遺品のなかから「キリスト教倫理」に関する文章が見つかり、弟子たちの手で出版された。

「イエスが、すべての人間の罪を御自身に負い給うたゆえに、すべての責任ある行動者は、他の罪を負う者となる。罪の責任から逃れようとする者は、人間存在の究極の現実から離れ、しかしまた同時に、罪なきイエス・キリストが、罪ある人間の罪を負い給うという救いの秘儀を離れ、この出来事の上に示されている神の義認とは全く

何の関わりをも持たないことになる。」（『現代キリスト教倫理』新教出版社、二七三頁）

イエス・キリストとはだれか。他者の罪のさばきの十字架を負われた神である。もし私たちが他者（赤の他人）の罪を負わないならば、あの十字架のイエス・キリストにおいて示された「人間の存在の究極の現実」、「救いの秘儀」から自らを遠ざけることとなる、というのである。

「所詮、赤の他人じゃないか。あなたに責任はない。あなたと関係ないじゃないか。自業自得。なのに、なんで他人事に関わるんだ。他人のことで苦しむなんて、あんたはアホか。」これらは、クリスチャンにとっては祝福の言葉である。「アホや」と言われたイエスをキリスト（救い主）と告白し、このイエス・キリストに従う者は、当然「お前もアホや」と言われる。そんなふうにあざけられたら、少しうれしい。そう、それでいいのだ。

キリスト教的背景

先日、新聞記者の方からこんな質問をされた。

「奥田さんがホームレス支援をしておられるキリスト教的な背景には、何があるのですか。」

昨今、テレビや新聞の取材をしばしば受けることが増えた。だがキリスト教のことや、信仰について質問されることはめったにない。だから質問されて正直、うれしい気持ちになった半面、質問の重さにたじろいだ。

私にとって、ホームレス支援の背景に、聖書のみことばやキリスト教信仰があることは間違いない。質問された方が期待している答えが、いわゆる「キリスト教的な無償の愛」であろうことも容易に想像がついた。

「そうです。キリスト教は愛の宗教です。イエス・キリストは隣人を愛せよと教えられています。しかもその愛は、アガペーという言葉で、すなわち無償の愛とか自己犠牲の愛と言われるものです。罪のないイエスが私たちのために十字架にかかってくださった。このような無償の愛こそがキリスト教的愛なのです。マザー・テレサをご覧なさい。自分を顧みず、ただ貧しい人に仕え、与え続けられました。それがクリスチャンというものです。それゆえに、私はホームレス支援を続けているのです……」と言えたなら、「愛の宗教」の面目も立ったであろう。しかし、それは私にとって事実ではない。私は、決してそんなふうに答えることができない。

「アガペー」（ギリシャ語）は、「無償の愛」と言われる。クリスチャンは常にこの「愛」を意識すべきであり、自己愛に完結してはならない。しかし、私がホームレス支援の現場でしがみつくように認識している「キリスト教的背景」は、じつのところ、そのようなことでは決してない。

私たちは、夜の公園や商店街の片隅で寝るおやじさんたちに声をかけて回っている。「大丈夫ですか」、「がんばってください」、「寒いでしょう」、「お体大切に」。いい加減に言っているわけではない。本気で心配し、できるだけ声をかけつつ、夜の街を歩いている。しかし、その数時間後、私は彼らを路上に残したまま、ちゃっかり暖かい部屋へと戻り、子どもたちが眠るベッドにもぐり込む。路上のおやじさんたちが眠れない夜を過ごしているにもかかわらず、何事もなかったように私は眠りにつく。そんな生活を二十年以上も続けている。

毎度、布団で考える。「私はいったい何をやっているんだろう。」ついさっきまで、いかにも心配げに、いかにも親身なふりをして声をかけていた私が布団に眠る。そこには無償とか犠牲とか言えるもの、すなわちアガペーなどはひとかけらもない。残念ながらそれが正直な私自身なのだ。

だから私は、ホームレス支援の現場でアガペーを実践しているのでは決してない。実践するどころか全く逆で、夜間パトロールのたびに、自分がいかにアガペーから程遠い存在であるかを思い知らされている。そしてその時点で、私は「キリスト教的背景」にたどり着く。たどり着かざるを得ないのだ。

イエスは刑場の十字架上で、イエス自身を殺そうとする人たちのためにこう祈られた。

「父よ、彼らをお赦しください。彼らは、何をしているのか自分でわからないのです」（ルカ二三・三四）。

かわいそうな人を慈しむことは、あるいは可能かもしれない。しかし、自分を殺す者のためにとりなし、その者のために神の赦しを請うことなどできるだろうか。アガペーは「無償の愛」ではあるが、それは「神の愛」を指す言葉だと思う。それは、容易には人間が行うことも、真似することもできない「神の業」なのだ。

私は、十字架において明らかにされた「神の愛」によって、なんとか生きているにすぎない。「何をしているのかわからない」とは、ほかならぬ私のことなのだ。「アガペー」は、私のような不完全で不徹底な者を赦し、結局は自己本位にしか生きていない私をとりなす「神の愛」を言う。失礼ながら、かのマザー・テレサもアガペーを実践した人ではなく（当然私などとは比較にならないほど徹底しておられたが）、アガペー（神の愛）によって、やりきれない自分を赦され、励まされ、そしてそれでもなお、キリストに従う道を歩み続けていたのだと思う。

聖書は、「愛」をこのように説いている。いわゆる「愛の賛歌」だ。

「愛は寛容であり、愛は親切です。また人をねたみません。愛は自慢せず、高慢になりません。礼儀に反することをせず、自分の利益を求めず、怒らず、人のした悪を思わず、不正を喜ばずに真理を喜びます。すべてをがまんし、すべてを信じ、すべてを期待し、すべてを耐え忍びます。愛は決して絶えることがありません」（Ｉコリント一三・四〜八）。

この「愛の賛歌」は、間違っても「人間の愛かくあるべき」と読んではいけない。それは「キリストの愛」を示したものであって、罪ある人間を赦し、なおも使命へと召す「神の愛」を説いたのだ。キリストは、十字架上の無私の姿をもって、無償の愛を示された。私は決して、そんなふうにだれかを愛することはできない。

しかし、この愛せない私が、寛容で情け深いキリストの愛によって赦されている。「互いに愛し合う」生き方へと召される。ここにこそ、こんな私たちをなお生かす「愛」がある。

「私にとってのキリスト教的背景とはそういうことです」と、その記者の方にはお答えした。記事にはならなかったが、それは今も変わらない私の現実であり、本当のことなのだ。

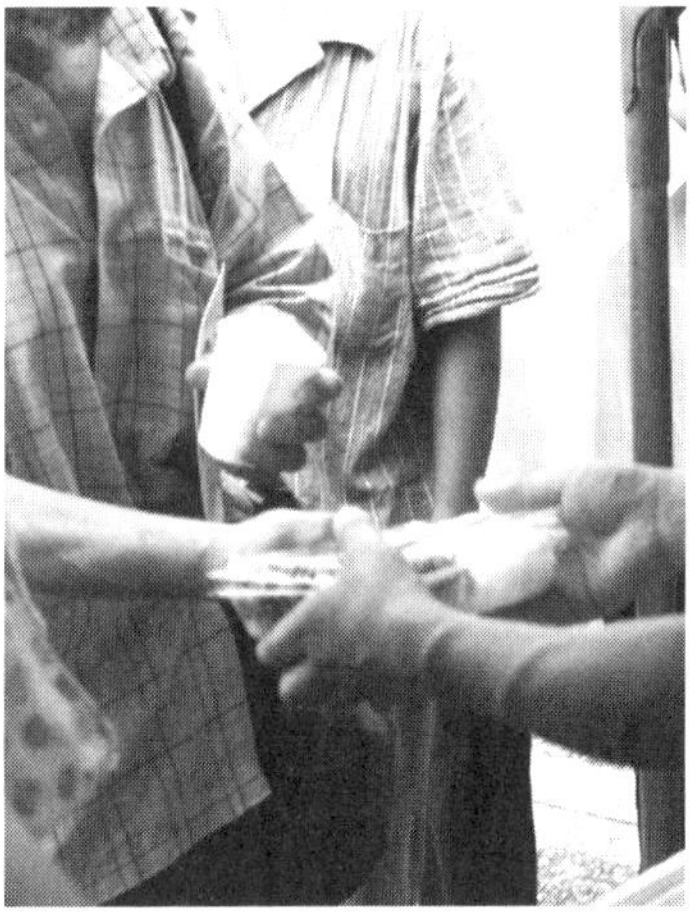

主よ、どうぞ知り給え

新聞に「ホームレス　替え玉殺害　借金身代わりに　北九の二容疑者逮捕」と大きな見出しが出た。犯人は、八幡西区に住む二人組み。被害にあったのは、大手町で野宿をしていたAさんだった。

犯人は、「仕事がある」と言ってAさんを誘い出し、大分において殺害。そして、Aさんのポケットに自分のキャッシュカードなどを入れ、死んだのが自分であるように工作したという。しかも、加害者と被害者を直接結びつけるものは何もないという。

人を殺すこと自体、大問題なのであるが、ホームレスの人々のことを祈り、支援してきた者にとってこの事件が与えた衝撃は大きい。それは、犯人がホームレスの置かれた状況を見抜き、利用しようとした点である。常に失業状態にあるホームレスにとって、「仕事がある」という言葉は非常に魅力的なのである。これまでも、殺人事件とまではいかなくても甘言に誘われ、行った先がヤクザが経営する飯場で、賃金ももらえず働かされたという事例は後を絶たない。

さらに犯人は、ホームレスはどのみち天涯孤独で、死んでもだれも捜さないし、だれも気にもしないから犯罪がばれはしないと、高をくくっていたということだ。犯人がつけこんだこの二つの事柄は、残念ながらホームレスの抱える現実であり、逆に言えばホームレス支援のポイントなのである。就労の確保と関係性の回復。この二つが、現在のホームレス支援においては欠かせないのである。

ただ、今回の事件について、最後にこう付け加えなければならない。犯人の思惑とは違い、たくさんではないが、Aさんを知る人はたしかにいたということ。新聞記事を見て、最初に大分の警察に電話をしたのは、支援機構の谷本牧師であったし、Aさんの死を聞いて涙を流した者も少なくなかった。私も及ばずながら、Aさんについての調書に協力させていただいた。Aさんは、野宿をしつつ廃品回収の仕事をこつこつ続けておられた。支援の古着が残ると嫌な顔ひとつせず、使えるもの、そうでないものも全部引き取ってくれた。無口だが、笑顔の素敵な人だった。

だれにも知られていないと殺されてしまう。殺されなくても、だれにも知られない人生は苦しい。

「無垢な人の生涯を主は知っていてくださる」（詩篇三七・一八、口語訳）。

主よ、どうぞ知り給えと祈る。神様、Aさんをどうぞよろしく。

罪人の運動

二〇〇一年春、私たちは九州初のホームレス支援施設「自立支援施設」を開所させようとしていた。それまで私たちは、行政に対して長年にわたり「支援施設の設置」を求めてきた。行政側は、私たちがどのように訴えようとも、まさに、歯牙にもかけないという対応をくり返していた。交渉は平行線のまま十年が過ぎた。

二〇〇〇年八月。ついに行政側は、私たちの炊き出し活動を公園から排除するという決定を下した。炊き出しをする予定の公園の入り口は、行政によって封鎖された。「入れろ」、「入れない」の押し問答が続く。行政担当者と支援者がにらみ合うその間に割って入るように、ひとりの壮年が現れた。浦野幸孝さんだった。

浦野さんは、数か月前に支援を受けてアパートに入居した方だった。

「私が路上にいた時、行政は何をしてくれましたか。何もしなかったじゃないですか。

この人たちは、路上の私を訪ねて相談に乗り、私は今はアパートで暮らしています。この人たちが全部やってくれたんです。何もしなかったあなたがたがこの人たちを排除することは、できないんじゃないですか。」

浦野さんは涙を流していた。この訴えに行政側も一瞬たじろいだ。そこにいた支援者のだれもが、浦野さんの一言に胸を張った。しかしその後、私のなかにこの浦野さんの一言が重く突き刺さることとなった。

「全部やった」と浦野さんは言ってくれる。はたしてそうだろうか。本当に私たちは「全部やった」のだろうか。行政との長年にわたる闘いのなかで、いつの間にか私たちのなかに「行政が動かないから路上死が絶えない」、「行政が施設を設置しないから人が死ぬ」。そんな「理屈」ができあがっていった。行政の責任、公的扶助が国の義務であることは言うまでもない。しかし、私はいつの間にか「すべては行政の責任だ」、「人が路上で死ぬのは行政が何もしないからだ」と言い切り、結果、自分ができることさえもやらなかったのではないのか。「行政責任を自分がやらない理由にすり替えた」のだ。

浦野さんの一言は、そんな私の現実を問うものだった。そもそも野宿当事者にしてみれば、支援者から助けられても、行政から、あるいは道行く人から助けられても、それは問題ではない。大切なのは、路上の極限状況から脱出できるかなのだ。

行政がやらないならば、自分たちでやってみようということになり、当分、行政との「闘い」は休戦。自前の支援施設の設置に向けた準備が始まった。八月の炊き出し排除から九か月経った二〇〇一年五月、九州初のホームレス支援施設は完成した。開設の数週間前、そのことをニュースが報じた。すると、ホームレス状態の方々から次々に問い合わせが入った。直接、教会に訪ねてきた方もいた。「なんとか施設に入りたい」と訴える。だれもが切羽詰まっていた。その気持ちは察するに余りある。私たちは確信した。

「この施設は必要とされている。」

支援施設の入居に際しては、本人との面接・調査に一か月を要し、さらに運営委員会において審査して入居者を決定する。入居者はこの施設で半年間、自立のための準備をし、その後、地域生活へ向かう。ひとりに対して、数名のボランティアスタッフが伴走する。そこは涙あり、笑いありの、失われた生活基盤を整え、絆(ホーム)を紡いでいくための施設だった。

しかし資金の限界もあり、当初確保できたアパートは、たったの五部屋。市内には三百名以上のホームレスが存在していた。炊き出し会場において入居の申し込みを受け付けると、七十名が申し込んだ。数日後、私たちは入所者を選考するための会議を開いた。「いよいよ始まる」、「これで路上からの脱出が可能になる」、「行政もできなかったことを私たちはやった」など、喜びと自負に満ちた笑顔がこぼれていた。だが、会議は二時間経っても終わらなかった。三時間経ち、四時間経っても。「いったいだれが入居できるのか。だれがその人を選ぶのか。」私たちは、自分たちのやろうとしていることの「重さ」にたじろぎ、恐れさえ感じていた。「高齢の方、病気の方を優先させる」など、最低限の選考基準はあったが、いざ決定となると、すべての判断が何ら客観的根拠もなく、絶対でもないことは明らかだった。この人を選び、あの人は落とす。落とされた人が、翌日どうなるかはわからない。

さらに、「入居できるかもしれない」という希望を一旦持たせたうえで落とすということになると、その時の落胆や絶望は、それまでの野宿状態以上に深刻になるのではないかとの懸念もあった。だれが一番困っているのか。だれを支援するのが正しいのか。何もわからない自分たちがそこにいた。今、行っている選考が「恣意《しい》的で差別的だ」と言われても仕方がない。それが現実だった。

行き詰まりと沈黙が続いた。その重い空気のなか、私は会議室のホワイトボードにこう書いた。「罪人の運動」――残念だが、これが事実なのだ。私たちが行う一切の行為は、「罪人の行為」にすぎない。人間のあらゆる行為は、罪という限界を持っている。「良いことをしている」ではすまされない現実がそこにある。愛といえども、それが「罪ある人間の愛」である以上、不完全なのだ。「愛が人を殺す」ということさえ起こる。

戦争は往々にして「愛」のために始まる。だからこの世界のすべて、人間のあらゆる行為、いや存在そのものはイエス・キリストの十字架の贖《あがな》い、すなわち私の罪の責任をイエスが負ってくださったという出来事を必要としているのだ。

私たちは決断した。いや、断念と言っていい。「罪人としてこの運動を担おう。そしてこの決断の責任は決して回避せず、正当化することもしない。悔い改めつつ、前に進もう。」そう確認して選考を終えた。夕方から始まった会議が終わった時、すでに日付が変わっていた。五人入居、六十五人落選。

その後の炊き出しの折、入居選考会議の結果をおやじさんたちに伝えた。選考については高齢者や病人を優先したいこと、皆が入りたい気持ちであるのは承知していること、しかし五部屋しかないことを説明した。「ここは、年寄り優先で……、選考に漏れた方々には申し訳ない。でも、あきらめないで……。どうか理解してほしい」と語りかけた。赦してもらいたかった。

おやじさんたちの反応は穏やかなものだった。最後に「それでも、僕らはこのプロジェクトをやらせてもらおうと思う」と告げると、炊き出しに並ぶおやじさんたちのなかから拍手が起こった。

私たちは「罪人」である。だから私たちのあらゆる行為は、イエス・キリストの十字架の贖いを必要としている。これ抜きには何も成立しない。

「父よ。彼らをお赦しください。彼らは、何をしているのか自分でわからないのです」（ルカ二三・三四）。

この言葉は、処刑されるイエスが、その十字架の上で祈られた祈りの言葉である。それは、まさに私のための祈りであった。イエスのおっしゃるとおりだ。「何をしているのか自分でわからない。」そんな私たちが、ホームレスを支援しているにすぎない。

ホームレス支援だけではない。じつは、日々の暮らしも、恋愛も、子育ても、介護も罪人の行為である。いや、それどころではない。伝道も牧師の説教も罪人が行っている。教会で傷つく人がいる。牧師につまずく人がいる。それは、教会も罪人の集団にほかならないからだ。

だから、私たちはこう祈る。「主よ、私たちにはあなたの十字架が必要なのです。私たちの行為は罪人の行為にすぎません。どんな美しい愛の行為であったとしても、あなたの十字架の贖い抜きには成立しません。主よ、どうかきょうも私たちを十字架上でとりなし祈ってください。そして入居できなかった人々をお守りください。」

そんなふうに祈りつつ、私たちは罪人の運動を続けている。あれから十年。この施設を利用し、約二百人以上が自立を遂げられた。

人間に戻る日

「きょう、私は人間に戻りました。」

おやじさんの顔は、安堵《あんど》の表情にあふれていた。しかし、その笑みが輝くほど、前日までの絶望の闇がいかに深かったかがうかがわれた。

Kさんは六十七歳。七年間の野宿生活を終え、自立支援住宅に入居した。入居当日、Kさんが語った第一声が「人間に戻りました」だった。

Kさんは、六十歳になったある日、建築会社の寮を追い出された。自分はまだまだがんばれるという自信はあったが、会社側は年齢を理由に、彼を解雇したのだ。数か月後、所持金も底をつき、野宿になった。「一番しんどかったのは空腹と襲撃でした。」あまりの空腹に、草さえ食べたという。「あれはとてもいただけませんなあ」とKさん。子どもによる襲撃は、肉体的なつらさ以上に人間の尊厳、プライドを傷つけられた。孫のような年の子どもたちから、「ごみ扱い」される。「自分は子どもたちからどんなふうに思われているのだろうか。」

それでもKさんは路上で生き延びた。そして七年後、その日彼は新しい一歩を踏み出したのだ。

「人間に戻ったって、どういう意味?」と尋ねると、Kさんは「昨日までの私は、道端でゴミを漁《あさ》っている犬とか猫、あれです、あれ。しかしきょう、私は人間に戻ることができました。」うつむき加減に少し微笑むKさんの横顔は、安堵とともに苦渋《くじゅう》の日々をうかがわせた。外は木枯らしが吹いていた。Kさんは自室に入り、暖房機の前に座り込み、「これはいい」と何度も言った。

野宿状態の方々と共に歩んで二十二年になる。昨春、「ホームレス支援活動開始二十年記念集会」を催した。駆けつけてくれた方々は一様に困惑された。「おめでとう」と言っていいものかどうか……。この二十年間多くの方々によって支えられてきた。そのこと自体は、本当にありがたかった。しかし、この活動が二十年もの長きにわたり必要とされていることは、決しておめでたくはない。「一日も早い解散を目指し、きょうから活動を始めます。」NPO法人発足時、私は理事長あいさつをこう締めくくったことを覚えている。困窮者支援の活動は、根源的にそのような皮肉さを常に抱えている。

自立支援住宅入居中は、自立に向けた様々な支援プログラムが開催される。料理教室や健康維持のための生活支援プログラム、音楽療法士によるメンタルケアとコミュニケーションに関するプログラム、体操を中心としたプログラムなどである。入居から半年後、Kさんは支援住宅を卒業し、地域生活へと進まれた。季節は初夏になっていた。

半年前、小さな紙袋ひとつで支援住宅に入居したKさんだったが、今やワゴン車いっぱいの家財を持っての引っ越しとなった。この日のKさんは、満面笑みを浮かべていた。昼食時、「きょうは、俺が出す」と胸を張られた。思いがけない一言に、私はうれしくなった。野宿時代、自分のことで精いっぱい、皆必死だった。だから周りのことなど考える余裕はなかった。「犬や猫」とは、そのような現実なのだろう。しかしきょうは違う。ごちそうになったいわしフライ定食は、じつにうまかった。そして、誇らしげに笑うKさんがまぶしかった。

私は、こんな場面で遠慮はしない。もちろん、「お世話してもらったのだから、それぐらい当然」などと考えているのではない。自分を犬猫だと言い、実際食べ物もなく、野良犬のように路上をさ迷ったKさん。いつもひとりぼっちで、自分の「エサ」は自分で確保する。さもなくば、だれかから恵んでもらうしかなかった。「エサ」という表現は、不適切だと思う。でも、野宿の人々の多くが自分の食事を「エサ」と呼んでいる。悲しいが、それが彼らの現実を示す言葉なのだ。

犬猫がしないこと、できないこととは何か。それは、だれかにごちそうするということではないか。人間に戻ったKさんは、私たちにごちそうしてくれた。そう言えば、聖書のなかでイエスは、しょっちゅうだれかの家に上がり込んで客人となり、ご飯に呼ばれておられた。

一方では、自分の周りにいた人々が「羊飼いのいない羊のようである」（マルコ六・三四）状況を心配され、五千人以上の腹ぺこの人々をたらふく食べさせたイエスでもあった。そのようなことができるイエスが、他人の家でごちそうになられた。なぜわざわざ、そんなことをされたのか。

人に「与える」ことこそが神様の働きだ、と考えている私たちにとって、この「ごちそうにあずかる」イエスの姿は、大切なことを伝えているように思う。イエスは、ごちそうにあずかることによって、彼らを人間に戻そうとしておられたのだ。「あなたは人間だ。もらいっぱなしの犬じゃない。あなたはきょう、人間に戻りなさい」と、自分を「犬猫」と蔑《さげす》まざるを得ない人を、誇りと自信を有する人間へと戻されるのだ。

十字架にかけられる前夜、イエスはひとりで祈っておられた。迫りくる恐怖のなかで、「わたしは悲しみのあまり死ぬほどです。ここを離れないで、わたしといっしょに目をさましていなさい」（マタイ二六・三八）と弟子に懇願された。残念ながら、弟子たちは眠ってしまったことが記されている。人間は弱い。しかし、神は私たちに期待を込めてご自身が弱き姿にとどまり、そんな私たちになお懇願してくださる。

マザー・テレサは言う。

「キリストが、飢えた人、寂しい人、家のない子、住まいを捜し求める人などのいたましい姿に身をやつして、もう一度こられたのに、私たちがキリストだと気づかなかったからなのです。」

十字架において痛めつけられ、自ら小さき者となられた神は、「最も小さい者たちのひとりにしたのは、わたしにしたのです」（マタイ二五・四〇）と私たちを励ましてくださる。イエスは、最も弱い者の姿をもって私たちの前に現れ、そして私たちになすべき使命（ミッション）を与えられる。

きょうもイエスは、痛ましい姿をもって私たちに出会ってくださる。こんな私たちからごちそうになるために。

その日、私たちは人間に戻されるのだ。

炊き出しに並ぶ人たち

苦しむ関係

「ジョン・ゲズントハイト」――世界一、名前負けしている犬。

ある時期、我が家に滞在していた。主人はTさん。野宿から自立した方で、ジョンと一緒に暮らしてきた。しかしその当時、具合が悪くなり、ICU（集中治療室）にいた。以前より近所から犬について苦情が出ており、今回の入院を機に、ご近所が保健所に引き取りを依頼した。保健所に行けば処分されてしまう。ボランティアの川内さんと西口さんがタッチの差で救出に成功、我が家に無事到着した。

じつはジョンは、以前にも一度Tさんが危篤になったことがあり、数日我が家にいた。あれから数年後の再会だった。あの時は名前も聞かぬまま引き受けたので、しょうがなく、「ゲズントハイト」と命名した。ドイツ語で「健康」、「お元気で」という意味。その時は、まだこの犬も若く元気だったが、背中の毛が一部抜けており、病院に連れて行ったことを思い出す。その後、意識を回復したTさんから、「ジョン」という名前だったと聞かされた。

今回の再会においてショックだったのは、ジョン・ゲズントハイトの変わりようだった。主人も健康を害している状態だから、十分な飼い方ができていなかったようで、毛は大半が抜け落ち、皮膚がむき出しになっていた。おしっこをするにも足も上がらない。すぐに獣医で手当てをしてもらった。幸い感染するような皮膚病ではなく、栄養とホルモンのバランスを回復すれば、なんとかなるとのこと。ジョンは驚くべき回復を見せ、元気に毎朝私と散歩をするようになっていった。我が家での滞在期間、「お座り」と「お手」を特訓した。

Tさんにとって、ジョンは家族同然。家族ならもう少し面倒を見てもらいたいとも思うが、お互いが限界の中で痛み分け状態。

到着した日、ジョンは鳴きもせず、エサも食べず、よろよろの状態だった。しかし、ちょっと目を離したすきに逃げだした。ジョンは教会を出て、一直線に小倉に向かった。それは彼の家のある場所であり、Tさんが入院している病院の方向だった。たまたまだったのかもしれない。しかしジョンは黒崎方面ではなく、迷うことなく小倉に向かった。その後幸い保護された。

以前の入院時、意識を戻したTさんに、谷本牧師がジョンの写真を見せたところ、人工呼吸器を付け、声が出ないTさんが涙を流されたと聞く。その後Tさんは奇蹟的な回復を見せた。ふたりとも元気(ゲズントハイト)を取り戻してもらいたい。

「あなたがたは、キリストのために、キリストを信じる信仰だけでなく、キリストのための苦しみをも賜ったのです」(ピリピ一・二九)。

弱り切った主人と犬、ふたりの関係に神様の働きを見る。

抱樸《ほうぼく》――その打たれし傷によりて

Iさんは、高速道路の下に数名の仲間たちと共に暮らしていた。女性のホームレスは珍しいこともあって、Iさんは初めて会った時からたいへん印象深い方だった。身体を悪くし、入院したことをきっかけに、Iさんは自立支援住宅に入居し、その後地域で暮らし始めた。人懐っこい人で、野宿時代からIさんの周りには、彼女のお世話をする人が常にいた。たくさんの人に愛されたIさんであったが、その分たくさんの人々が彼女のおかげで「少々しんどい目」にあわされていた。

Iさんが自立した数か月後のある日のこと、神妙な面持ちでIさんが事務所を訪ねて来た。

「奥田さん。友人が亡くなったという連絡が入りました。お葬式に行ってあげたいので、香典代を貸してもらえませんか」とのことだった。野宿生活は、物理的困窮に人を追いやるのみならず、社会や家族、友人などとの縁を切り、いわば無縁になる時でもある。まさにホームレス、すなわちホーム（家族や家庭）と呼べる関係の喪失なのである。そんな彼女にとって、葬儀が失われた関係を紡ぎ直すチャンスとなればと思い、香典代を貸すことにした。「久しぶりに友達と会って来てくださいね」と言うと、彼女は「すみません」と深々と頭を下げて出かけて行った。

その数日後、Iさんが再び訪ねて来た。「奥田さん。どうしよう従兄《いとこ》が死んだんよ。香典を貸してくれませんか。」なんだかおかしい。そんなに立て続けに知人が亡くなるだろうか。一瞬、不安がよぎったが、しかし、親戚との縁が戻るのであればと、祈る思いで用立てた。

そして、さらに数日後。「奥田さん、大変なことになった」と今回は血相を変えて、事務所に飛び込んで来た。「どうしたの」と慌てて尋ねると、「昨日の夜、娘婿が亡くなったの。今度は息子だから一万円貸してもらえない？」さすがの私も「いくらなんでも死にすぎです！」と言い、本人を前に娘さんに電話をした。

じつは、Iさんの娘さんとは前から連絡を取り合っていた。いつか母子の再会ができればと願っていたのだ。「奥田ですが、なんだか大変なことになっているようで、ご主人が昨夜亡くなられたそうで……」と切り出すと、「え？　主人亡くなったんですか。今朝お弁当を持って会社に行きましたけど」とお嬢さん。そんなことだろうと思い、「いえいえ、お元気ならいいです」と電話を切った。

「あなたのお嬢さん、ご主人は今朝、会社に行ったって言ってるよ」と告げると、このお母さんは落ち着きはらってこう言った。「はあっ？　うちの娘はなんでそんなウソをつくのかねえ。」次の瞬間、私は机を叩いて怒鳴っていた。「ええ加減にせえ！」

Iさんは、こんなふうにして、これまで生きてきたのだと思う。家族が再会できないでいるのはそのためだろう。日本社会では、「自己責任論」の根底に「身内の責任論」が横たわる。本人が責任を取れないなら、身内が責任をとれと迫る。そんななか、くり返し自分の家族に傷つけられる身内。世間は「それは身内の責任」と手を貸してくれず、家族は孤立無援となり途方に暮れるのだ。

身内や家族は、たとえ問題を抱えていたとしても、たしかにその家族を愛している。愛するとは赦すことだ、と聖書は告げる。しかし身内は関係が近すぎるのか、愛するがゆえに、お互いを傷つけていく。そして、「愛している」が「赦せない」という結論に至る。「身内の責任」と言い放ち、助けようとしない社会は、数々の身内の憎悪を増幅させてきた。

その後、しばらくしてIさんにガンが見つかった。もともと細身の方だったが、見る見るやせ細っていった。でもIさんは、「入院はしたくない」と最後までアパートでがんばった。道端でしゃがみこんでいるところも見かけるようになっていった。事務所からさほど離れていないアパートだったが、何度も途中休憩しながら通っていた。Iさんのガンの進行は恐ろしく早く、自立後一年ほどで召された。

讃美歌が流れ、聖書の言葉に送られた最期だった。

残念ながら、家族では葬儀はできないということだったので、私たちが行うことにした。葬儀には、野宿時代からの仲間や、ボランティアが大勢詰めかけた。

出棺の前、皆で花を手向けた。駆けつけた仲間たちが口ぐちにこうつぶやくのだった。「この人にはだまされた」、「金、返ってこんかったなあ……」。そんなことを言うおやじさんたちは皆、泣いていた。棺が会場から出る時、「ありがとうな」、「また会おうな」と声がかかった。

「はたして、信頼できないと家族になれないか。」難しい問いだ。たしかに裏切られ続けては家族ももたない。愛するがゆえに、「赦せない」いう気持ちが強まる。葬儀に参加した人々は、多かれ少なかれこのIさんに「やられて」いた。それでも泣きながら、「ありがとう」と言うのだった。身内ほどは「やられて」おらず、それぞれが少しずつだったから、耐えられただけかもしれない。しかし、あの葬儀に出席した者たちは皆、Iさんから「やられていた」が、それを引き受けることで、皆このIさんを愛していたのだと思う。

また愛するとは、その人のために傷つくことも含まれているのだ。聖書は、十字架のイエス・キリストを通して、私たちにそのような愛を示された。主イエスの愛は、弟子たちの裏切りによってより鮮明となる。十字架は弟子たちのため、いや、私のために主が傷つかれた事実を示す。イエスの傷は、私への愛だった。

【抱樸館《ほうぼくかん》由来】

私たちが運営する、自立支援施設を「抱樸館《ほうぼくかん》」と名づけた。数年前、私はイエスを想い、その「由来」を書いた。

みんな抱《いだ》かれていた。眠っているにすぎなかった。泣いていただけだった。これといった特技もなく力もなかった。重みのままに身を委ね、ただ抱かれていた。それでよかった。人は、そうして始まったのだ。ここは再び始まる場所。傷つき、疲れた人々が今一度抱かれる場所――抱樸館。人生の旅の終わり。人は同じところへ戻ってくる。抱かれる場所へ。人は、最期にだれかに抱かれて逝かねばなるまい。ここは終焉の地。人が始めにもどる地――抱樸館。

「素を見し樸《ぼく》を抱き」――老子の言葉。「樸」は荒木。すなわち原木の意。「抱樸」とは、原木・荒木を抱きとめること。抱樸館は原木を抱き合う人々の家。山から伐《き》り出《だ》された原木は不格好で、そのままではとても使えそうにない。だが荒木が捨て置かれず抱かれる時、希望の光は再び宿る。抱かれた原木・樸は、やがて柱となり、梁となり、家具となり、人の住処《すみか》となる。杖となり、楯となり、道具となってだれかの助けとなる。芸術品になり、楽器となって人をなごませる。原木・樸はそんな可能性を備えている。まだ見ぬ事実を見る者は、きょう、樸を抱き続ける。抱かれた樸が明日の自分を夢見る。

しかし樸は、荒木であるゆえに、少々持ちにくく扱いづらくもある。時にはささくれ立ち、棘とげしい。そんな僕を抱く者たちは、棘に傷つき血を流す。だが傷を負っても抱いてくれる人が私たちには必要なのだ。僕のためにだれかが血を流す時、僕はいやされる。その時、僕は新しい可能性を体現する者となる。私のために傷つき血を流してくれるあなたは、私のホームだ。僕を抱く――「抱僕」こそが、今日の世界が失いつつある「ホーム」を創ることとなる。ホームを失ったあらゆる人々に今呼びかける。「ここにホームがある。ここに抱僕館がある。」

いつのころからか、私たちは他人のために傷つくことを「損」と思うようになった。その結果、私たちの愛は冷えた。そんな私たちに、十字架のイエスがきょうも問うておられる。「その傷によって、あなたがたはいやされたのではなかったのか。」ならば、もはや無傷ではおられまい。抱僕を生きるしかない。

無縁化した時代に、絆を取り戻そうと思う。しかし、その絆《きずな》は、きず（傷）を常に含んでいることを忘れてはいけない。私のために傷つく者が、私の絆となり、ホームとなる。抱僕とは、皆がその覚悟を少し決めることにほかならないのだ。

クリスマス――冒険の神、安心・安全を超えて

最近、「安心・安全」という言葉をよく耳にする。「安心・安全」が盛んに言われる時代とは、どういう時代か。

「食の安心・安全」をめぐる事態は深刻だ。凄惨《せいさん》な事件が起こるたびに、「町の安心・安全の確保」が議論される。「安心・安全」と連呼せざるを得ないほど、不安が私たちを覆っているのも事実かもしれない。もちろん、不安で危険な町は困る。「安心・安全」が大切なテーマであることは承知のうえで、しかし、それでもなお私は「安心・安全」を疑わざるを得ないのだ。

一昨年の夏、私たちは、福岡市内に新しいホームレス支援施設を開設しようとしていた。そのころ、福岡市は全国で最もホームレス数が増加している地域であり、市内のホームレスの数は、千人を超えようとしていた。しかし、この計画に対して、当該地域の

住民が猛烈な反対運動を展開したのだ。地域に配布された反対署名用紙には、次のような文言が書かれていた。

「○○校区は、これまで安全、安心の街づくりに全力で取り組んできました。そんななか、住宅地にタイプの違う人たちが、集団でやってきて一般地域住民として生活します。せっかく築きあげてきた明るく住みやすい街にひびが入り、治安や秩序が乱れるおそれがあります。」

「安全、安心の街づくり」とは、いったい何であったのか。そもそもホームレス状態の人々を「タイプの違う人」と呼び、「治安や秩序が乱れる」と決めつけているのは差別である。「安全、安心の街づくり」が人を排除し、その人たちを死へと向かわせている。「安心・安全」が、人を無縁へと押しやっているのである。

あえて問いたい。「安心・安全はそんなに大事か」と。自分たちの「安心・安全」を追求する地域社会が、「自分の安心・安全」を守るために他者との出会いのチャンスを自ら閉ざし、敵対心を燃やす。あるいは、それを理由に無関係を装う。

本来、「安心」も「安全」も人間には必要なものであるし、神様はそれを賜物として人に与えようとされる。ユダヤ人が交わす「シャローム（平安）」とは、神のもとに生きる人間に許されたあいさつの言葉だ。「安心・安全」が神の賜物であるならば、それはすべての人に対して備えられている（はずの）恵みだ。そうなると、「私の安心・安全」を守るために、「だれかの安心・安全を無視する」ということには決してならない。

しかし、実際の「安心・安全」は、常に「一人称」で語られる。私の安心・安全、我が町の安心・安全、我が国の安心・安全、我が家の……。そこには、あなたの安心・安全や彼らの安心・安全は存在しない。全部が「我がこと（一人称）」なのだ。

そもそも人が出会い、共に生きようとする時、人は多少なりとも自分のスタイルやあり様を変えざるを得なくなる。すなわち、自らの都合を一部断念せざるを得なくなる。出会いというものは、その意味で自分の「安心・安全」のみを願う私たちにとって、「危険」だと言わざるを得ない。出会いによって人は学ぶ。そして学ぶと、人は変えられ、新たにされる。

「福音」は、「グッドニュース（良きおとずれ）」と説明される。しかし、事はそう単純ではない。「私にとって良いこと」だけならば、それは十字架抜きの安価な恵みにすぎないのではないだろうか。自分に都合のいいニュースだけを福音ととらえることは、「みこころ――神様の思い」を軽んじることとなりはしないだろうか。「私にとってのバッドニュース」としか思えない、そんな福音もあるのだ。

福音がみこころであり、私に対する神のご計画であるゆえに、福音は時として私たちには理解できず、私たちに断念と十字架を迫るものともなるのだ。聖書に出てくるモーセは自らが口下手であることを理由に、エレミヤは若さを理由に、神のご計画を断ろうとした。ふたりにとっては、神の思いは「良きおとずれ」と思えなかったのだ。しかし、福音は、本人の思いを超えて、私たちに告げられるのだ。

では、福音を私たちはなんと言おうか。「福音」（良きおとずれ）は、「新しきおとずれ」をも意味する。その時、「古いもの（自分）は過ぎ去って」いく（Ⅱコリント五・一七）。ゆえに、今の私にとって、福音はしんどく、危険だと感じてしまうのである。しかし、十字架の福音とは、そのようなことなのだ。

作家の灰谷健次郎はこう語る。

「いい人ほど勝手な人間になれないから、つらくて苦しいのや。人間が動物と違うところは、他人の痛みを、自分の痛みのように感じてしまうところなんや。ひょっとすれば、いい人というのは、自分のほかに、どれだけ、自分以外の人間が住んでいるかということで決まるのやないやろか。」

（『太陽の子』より）

別に「いい人」になりたいとは思わないし、そんな人にはなれない。でも、できればいい人に出会いたい。それは、私と出会ったせいで、今までの自分を断念し、私のために苦しんでくれる人。そんな人と出会えるならば、私はきっとしあわせになれる。そのことを覚悟してなお、私と付き合ってくれるだれかの存在こそが私を生かしめる。

十字架のイエスとは、私にとってまさにそのような存在であった。私たちは、このイエスをキリスト、私の救い主と告白する。

キリスト教会では、クリスマス直前の数週間をアドベントと言う。アドベントは、「待降節《たいこうせつ》」と訳されるが、これはキリストの降誕を待つ時である。しかし、そもそもこの言葉の原意は、「到来」である。神様がわざわざ私に出会うために「到来」された。

さらにアドベントは、「アドベンチャー（冒険）」と同じ言葉からできている。クリスマスは神が冒険をされた日なのだ。何のために神は危険を冒して、冒険されるのか。それは私たちを愛しているから、ただそのためだ。自らの「安心・安全」を捨て、世に下られたイエス。自分のひとり子をこの世に送り、断念された父なる神様。キリストは、神であることを固守すべきこととは思わず、己を低くして、僕《しもべ》の姿となり、十字架の死に至るまで徹底的に私を愛してくださった（ピリピ二・六〜八参照）。十字架のイエス・キリストは、私たちが固守する「安心・安全」を根本的に問うている。

クリスマスの時期は、本当の愛とは何であったのかを私たちに思い出させる。

「ことばは人となって、わたしたちの間に住まわれた」（ヨハネ一・一四）。

神は、私たちを愛するために、そんな不安で危険な冒険に出られたのだ。「安心・安全」にしがみつき、愛から遠ざかっていく現代に生きる私たちは、このクリスマスをどのように迎えることができるのだろうか。静かで落ち着いた、あるいは牧歌的なクリスマスも悪くはない。しかし、少しばかりクリスマスに「冒険」するのもいいではないか。「安心・安全」を少々断念して、他者のために自らを十字架につけたイエスに従って生きてみる。それこそが、今日の世界が「待望」している、本当のクリスマスなのではないかと思う。

手紙

先日、とある小学校のF先生という方が訪ねて来られた。授業参観の日に、「ホームレス」を取りあげて授業をしたいとのことだった。先生が受け持っている四年一組は、総勢二十二名。喜んで協力することにした。

学校内では、管理職からの圧力が相当強かったようだが、初心貫徹、F先生は勇気をもって実行された。当日の授業には僕もビデオで登場した。数日後、子どもたちから「ホームレスのみなさんへ」という二十二通の手紙が届き、その手作りの封筒の中には、子どもたちの手紙が収められていた。

次のパトロールでその手紙が届いたことを報告し、返事を書きたいホームレスを募集した。初日は、九名のホームレスが応じてくれた。

「いつもこのさむいなか外でねていてだいじょうぶですか。私はおじさんの心の中の友達になります。私はおかあさんとお兄ちゃんふたりいます。でもおじさんは友達や家ぞくがいないからかわいそうですね。おじさん達はいい物を食べていないのに、私はトマトがきらいなんていって残します。これからは好ききらいをせずになんでも食べます。　恵より」

「はじめまして恵ちゃんへ。

今日手紙よみました。心があたたかくなりました。ぼくは、五年前交通事故で、右足がほとんどうごかなくなり、今でもあるくにもいたいです。仕事もなかなかできなくて、いまホームレスしています。（中略）いつもつらいけど、恵ちゃんの手紙をよんでもう一度たちなおろうと思っています。ぼくがつくった作文をよかったらよんでください。　信久より」


真剣に机に向かう野宿者の面々。返事を書いた九人にとって、どのくらいぶりの手紙だったのだろうか。どの手紙にもやさしさが滲んでいる。今は、住所不定の身、配達不能のこの手紙のやりとりが、いつの日か郵便屋さんを通してのやりとりになることを信じつつ、当分は僕らが郵便配達役を買って出ようと思う。

人は、人によって傷つき、人によっていやされもする。「心の友達」、なんて素敵な言葉だろう。現代の子どもたちもホームレスも、結局は同じものを求めているのだ。

四年一組にとっても、ホームレスのおやじさんたちにとっても、この手紙のやりとりがいやしの時となるように祈る。

あんたもわしもおんなじいのち

一九八三年二月、横浜で中学生らによるホームレス襲撃事件が頻発した。市内の中学生を含む少年十人が、傷害致死の容疑で逮捕された。少年らは九人のホームレスを襲撃し、怪我をさせたうえに「もう少しやらねえと、もの足りねえ」と、山下公園で野宿をしていた男性（六十歳）を集団で暴行した後、公園のごみカゴに男性を押し込み、引きずりまわした。この男性は、公園内の植え込みで苦しんでいるところを発見されたが、二日後に亡くなった。

私は、この事件を今も鮮明に覚えている。事件自体の衝撃もさることながら、逮捕・補導された少年たちの供述が私たちを震撼《しんかん》させた。「横浜の地下街が汚いのは浮浪者がいるせいだ。俺たちは始末し、町の美化運動に協力してやったんだ。清掃してやったんだ。」「なぜこんなに騒ぐんです。乞食が減って喜んでるくせに。」（「浮浪者」も「乞食」

も問題ある表現だが、そのまま掲載した。）その後もホームレス襲撃事件は後を絶たない。なぜ、少年たちはこれほど情け容赦なくホームレスを襲うのか。

「生産性のない人間が迫害を受けたり、差別されるのは当然のことだと思う。そこに下手に餌を与えたりするから、生産性のチャンスがある人間でもクズに成り下がるのである。迫害されることによって、自分が悪いと気づくのがまっとうであろう。それで自分が悪いと思わずに人権ばかりを叫び、人を幸せにする能力もないのに自分の幸せばかりを誇張する態度が問題なのである。」

これは、ホームレス支援機構のホームページに書き込まれた一文である。だれが書いたのかはわからない。「生産性」の有無が、私たちを分断する。「生産性」が、「勝ち組」か「負け組」かを決定する現在の社会において、多くの人々が「生産性」という言葉に怯えている。

少年たちをホームレス襲撃に駆り立てているものは何か。ひとつに、ストレス発散ということがある。では、なぜストレス発散がホームレス襲撃ということになるのだろうか。そこには、「ホームレスを襲っても、大人社会は問題にしない」という、彼らなりの読みが働いている。当然そこには、少年らにそう思わせている大人社会の現実がある。また、少年らをホームレス襲撃へと向かわせているもうひとつの要因が、先に取りあげた「生産性があるか」という脅迫観念だと思う。「生産性のない者は迫害されて当然」という価値観は、ホームレスに対してだけではなく、襲撃をする少年たちにも日常的に向けられている刃なのだ。彼らは、自分の「生産性」の証明として、「町のゴミを処分する＝ホームレス襲撃・排除」という「社会的貢献」を実行しているのだ。

　現に山下公園の襲撃においては、被害者はごみカゴに入れられ引きずりまわされたし、逮捕後少年らは、「町の美化運動に協力してやった」と証言している。大人社会は、ホームレスがどんな形であれ、街から消えることを内心「喜んでいる」ことを知っている子どもたちは、自らの「生産性の証明」としてホームレスを襲撃したのだ。常に生産性の有無にさらされ、学校や家庭、地域において自らの存在意義を見いだせない、いや見いだしてもらえない子どもたちが、「ほめられたい」という思いでホームレスを襲撃する。襲撃に彼らは胸を張る、いや張らざるを得ない。ホームレス襲撃は、子どもたちの歪んだ「社会参画」の結果なのだ。そこまで子どもたちを追いつめたものは何か。私はそこに、現代社会の深い闇を見る。

聖書のルカの福音書に、「放蕩息子の帰郷」（一五・一一～三二）というたとえ話がある。ある日、息子が父の財産を要求し、その後放蕩に身を持ち崩す。放蕩三昧を尽くし、すべてを失った息子はついに悔い改め、帰郷を決意する。「立って、父のところに行って、こう言おう。『お父さん。私は天に対して罪を犯し、またあなたの前に罪を犯しました。もう私は、あなたの子と呼ばれる資格はありません。雇い人のひとりにしてください。』」

そう決意して、息子は家へと向かった。しかしまだ、遠く離れているにもかかわらず、父親のほうから息子を見つけて駆け寄り、息子を抱きしめ口づけをした。息子は「私は罪を犯しました。もう息子と呼ばれる資格はありません」と反省の弁を述べるが、父は「死んでいたのに生きかえった。いなくなっていたのに見つかった」と、聞いちゃいない。

反省において、「資格云々」と言う息子。彼は資格の有無、いわば「生産性」を気にしている。しかし父は、「いのち」や「存在」を喜ぶ。「資格」や「生産性」を凌駕《りようが》する父（なる神）のまなざしが、このたとえ話から伝わる。父は反省できたから、息子を受け入れたのでは決してない。生きていたことを喜んだのだ。神の赦しとはそのような事柄なのだ。

ホームレスを襲う子どもたちに、またホームレス状態のなかで絶望する人々に、また存在意義を見失いつつある人々に、このまなざしを伝えたい。それが今日における伝道であり、教会の使命なのだと思う。

存在意義の証明が今日の社会的重圧であることは事実だが、なぜ、あれほどに少年たちは残忍になり得たのか。ある社会学者はこう分析する。排除される人々は、一種の「異人」として定義される。同じ人間とみなされない。加害側の少年たちは、ホームレス状態にある人を一種の「汚物」とみなして「掃除」する。ゆえに、彼らに罪の意識はない。これは、日本軍の南京大虐殺やナチスのユダヤ人虐殺などについても同様である。同じ人間ではないと認識することで良心は免責され、むしろ異人の排除という犯罪行為が誇りに転化してしまう（赤坂憲雄『新編 排除の現象学』参照）。

ホームレスは、常に「異人」とされ、排斥されてきた。「異人」の排除には、「社会のため」という歪んだ倫理がつきまとう。虐殺は、「隣人を異人とみなす」時に起こる。

テロリスト、悪の枢軸《すうじく》……、「異人化」の波は、世界を戦争の危機に陥れている。

しかし福音は、異人（とされた人）を隣人とするのである。和解の神の働きは、「隣人となる」ということによって現れる。教会の使命も異人を隣人にすること、すなわち和解の務めにある。神様からすれば、すべての人間はかけがえのない存在だ。ホームレス状態であろうが、「放蕩息子」であろうが……だ。

旧約聖書のヨナ書に登場する預言者ヨナは、神の命によりニネベという大きな町に遣わされる。ニネベなど滅んで当然と思っていたヨナは、ニネベのために遣わされることに否定的だった。逃亡したヨナだったが、結局はニネベに向かうこととなった。町々を巡り、悔い改めを迫りながらもヨナは、彼らが神のさばきを受けて滅びるに違いないと思い、丘から滅ぼされる様子を見物しようとしていた。しかし、ニネベの人々は悔い改めた。「神は彼らに下すと言っておられたわざわいを思い直し、そうされなかった」（ヨナ三・一〇）。

このことを、ヨナは非常に不愉快に思い、怒ったという。なぜ滅ぼさないのか、滅びるとニネベに言って回った自分の立場はどうなるのか。食ってかかるヨナに、神は「自分はニネベの神でもある」ことを告げる。

このヨナは、ニネベの人々を「異人」としてとらえていたのだ。だから、滅んだとしても彼には関係のないことだった。しかし、じつはヨナの神はニネベの神でもあったのだ。両者は同じ神に造られ、同じく愛されていた。ヨナは、そのことを知らされることによって、ニネベという「滅んで当然」と思っていた「異人」を「隣人」として再発見する。

異人を隣人に。これは希望の言葉である。神の国の門には、きっとこんな看板がかかっているのだろうと常々思っている。

「あんたもわしもおんなじいのち」

放蕩息子の父は、いのちを喜んだ。神から同じくいただいたいのちを素直に喜びたい。いのちの視点が異人を隣人に、兄弟姉妹へと変える。「あんたもわしもおんなじいのち」、これは、北九州ホームレス支援機構のテーマである。

幸いなるかな、貧しき者よ

夜間の支援パトロールで町を歩くようになって二十年余。これまで野宿者と言えば、「おじいさん」という印象だった。しかし、二〇〇八年のリーマンショック以降、状況は一変する。パトロールのたびに、二十〜三十代の若者としばしば出会うようになった。彼らは一見野宿者には見えず、遠目にはおしゃれな格好で街をゆく若者である。でも、何かが違う。同じように駅に向かう人波に身を任せているが、家に帰ろうと歩く人とは違い、行くあてもなく歩く若者が醸し出す空気のようなものを感じる。

私は静かに後をつけ、「間違いないな」と思い、声をかける。時には「失礼なこと言うな!」としかられることもあるが、ほぼ的中する。なかには、「僕は違います」と言いながら逃げるように立ち去る青年もいる。けれども、違わないと思う。特に靴は特徴的で、身なりは比較的きれいでも、靴は極端に汚れており、路上暮らしを物語っている。

しかし、青年は自分が「ホームレス」であるということを認めることができないのだ。「認めてしまってはすべてが終わる。」そんな強迫観念のようなものを抱いているようだった。勝ち組、負け組の二極時代に生きる若者たちの切羽詰まった現実を感じる。「僕は違う、違うんだ」と、何度も言いながら夜の街に消えていく青年の姿に、胸が締めつけられる。

T君と出会ったのは、寒さが残る三月の小倉駅だった。やはり、一見おしゃれな格好で野宿者には見えなかった。「もし失礼だったらごめんね。君、今晩行くところあるの」と語りかける。うつむいたまま首を横に振る。顔には生気が感じられない。路上に座り込み、話し込んだ。「君、死にたいのか」と問う。うつむいた顔は上がらない。郷里には、両親がいると言う。「ご両親のもとに一度帰って、やり直すほうがいい」と説得するが、「こんな格好じゃ帰れない。これ以上親に迷惑をかけたくない。もう一度働いてお金を貯めたら帰ります」と彼は言うのだ。二十九歳。自己責任論時代に大人になった。ロストジェネレーション世代。「ともかく、きょうはどこかに泊まって飯を食べなさい」と、テレホンカードと持ち合わせを幾らか渡した。その日から毎晩、電話がかかってくるようになった。

これまでは五十～六十代、さらにそれ以上の年齢の方々と多く出会ってきた。どの年代であっても、野宿状態は楽なものではない。ただ、人間六十年も生きていればそれなりの経験を積んでおり、最悪の状況に置かれながらも、比較的落ち着いている方が多かった。語弊《ごへい》のある表現かもしれないが、「これまで生きてきた」という自負のようなものを持っているように感じた。

しかし、今路上で出会う若者たちは、まさに「これからの人」であって先が長い。その分、喪失感も大きく絶望が深い。あまり聞かなかった一言を、しばしば耳にするようになった――「もう死にたい」。

私たちが運営する支援施設は、入所二か月待ちの状態が続いている。早急に次の施設を準備する必要がある（現在、募金受付中）。この間教会が、行き場がない青年、しかも「死にたい」と言う彼らの緊急避難先となっている。若者たちとの同居は、教会とは何かを示される恵みの時となっている。教会から巣立っていった人も少なくない。

現在の経済状況は、しばらくは続くだろう。景気は多少持ち直すだろうが、すでにこの十年間で、日本の経済の構造は大きく転換した。たとえば、終身雇用制は主流ではなくなり、非正規雇用が労働人口の四割に迫っている。そんななか、路上の青年たちがもう一度立ち上がろうと努力しても、「かつてのよう」にはいかないことは明らかだ。

彼らの父親の時代、すなわち団塊世代が青年であった時、日本は高度経済成長期を迎えており、努力すれば、ある程度報われた時代だった。しかし、有効求人倍率が〇・五止まりの現状は、いわばイス取りゲームのイスが足りない状態なのである。それが現実であるにもかかわらず、社会はイスに座れない人をつかまえて、自己責任だと言う。「なぜ努力しない。非正規が嫌ならちゃんと働け。」高度経済成長を生き抜いた父親世代は、ジュニア世代にそう迫るが、すでに社会の構造自体が大きく変化してしまっている今日の状況では、その「はっぱ」は効かない。

今後、景気はある程度回復し、座るイスは再び増えてくるだろう。しかし、以前のような「固定椅子（終身雇用制）」はもう出てこない。彼らに提供されるのは、いわば「折りたたみイス（非正規雇用）」であって、再び景気が悪くなると、すぐに片づけられてしまうものだ。多くの若者は、そのような不安定な時代を生きている。彼らの未来は厳しい。

今、私たちは方向転換を求められている。聖書で言う「悔い改め」は「メタノイア」

という言葉が使われているが、それは「方向転換」を意味する言葉だ。戦後私たちは、「満足」を求めて努力を重ねてきた。そして、その努力にある程度報いるだけの経済成長が背景にあった。結果、八〇年代には「総中流意識」、すなわち国民のほとんどが「ほぼ生活に満足している」と考えるようになっていた。しかし、今や終身雇用制は崩壊し、国際競争が激化するなかで、低成長時代が続くことは確実である。だからこそ私たちは、ここで「満足と幸福」に対して懐疑を持たざるを得ない。戦後社会は、努力することである程度の満足を手に入れることができた。多くの人々は、それが人の幸せであると思っていた。しかし現代では、特に青年たちの置かれている現状を見るにつけ、「はたして満足と幸福は同じなのか」、あるいは「満足できないと幸福になれないのか」、さらに「そもそも戦後社会が追い求めた満足は、幸福だったのか」と、私たちは根本的に問わねばならないと思う。

私は、あえてこう言いたい。特に路上から生きようと今一度立ち上がらんとする青年たちに、こう言いたいのだ。「たとえ満足できなくても、人は幸福に生きることができる」と。これは決して宗教的なごまかしではない。たしかに、キリスト教に限らず多くの宗教は、天国を約束することで現実の矛盾を曖昧にする危険を常に持っている。「宗教的アヘン性」とはまさにそのようなことを言う。しかし、そんな批判にさらされる危険を冒しつつ、あえて言う。満足と幸福は違うのではないか。これは今日の状況において教会が真剣に取り組むべき宣教課題だと、私は思っている。

イエスは、ルカの福音書六章においてこう述べられた。「幸福《さいはひ》なるかな、貧しき者よ」(文語訳)。これは、にわかには信じ難い一言である。これこそ宗教的アヘンではないか、と。しかし私は、この言葉の意味を、今教会で暮らす若者たちと噛みしめている。

これまで私たちは、「貧しいことは不幸だ」と思い、だからこそ必死に努力し「満足」を求めた。たしかに貧困は問題である。私はその惨状を、二十年間路上で見てきた。だが、今このみことばが深いところで響いている。「幸福なるかな、貧しき者よ。」幸福と満足は違うのではないか。たとえ満足できなくとも、人は幸福に生きるのだ。イエスは、どんな思いでこのことを語られたのだろうか。どんな人々が、この言葉を聞いたのか。そんなことを考えながら、路上の若者を訪ねる夜が続いている。

毎日のように電話をかけてくるT君とは、わずかに繋がった細い絆を、少しずつ紡いでいった。「きょう、親に連絡してみました。帰って来いと言ってくれました」と泣きながら電話があったのは、二週間後のことだった。翌日、小倉駅で彼を見送った。

別れ際、「最初に会った夜、君に尋ねたことを覚えているか」と聞いてみた。「覚えています。『君、死にたいのか』って奥田さんは言われましたよね」と彼は覚えていた。「本当のところどうだったの」と聞く。「じつは、あの夜、死のうと思っていました。あの日会ってなければ、僕は今ここにいません。」それが小倉での最後の一言だった。

今もときどき電話があり、その明るい声に励まされている。再就職も決まり、がんばっている様子だ。一度、彼を訪ねようと思う。あのイエス・キリストの言葉の意味を確かめるために。

配達されない手紙

毎日新聞にも取りあげられた、小学校四年一組の子どもたちと、ホームレスとの手紙のやり取りの続編である。

今回、ホームレス側からの返事を受け取った子どもたちから、二回目の手紙が届いた。その直後、校長の圧力と親たちの偏見に満ちた反対で暗礁《あんしょう》に乗りあげた。

「子どもがホームレスに会いたいと言い出したらどうするのか」、「ホームレスに食べ物やお金をあげたいと言い出したらどうするのか」。親たちは、そんなことを言って担任を責めているという。挙句の果てには、「いままで小遣いを要求しなかった子どもが、先日小遣いが欲しいと言い出したのは、ホームレスの授業をしたせいだ」と荒唐無稽《こうとうむけい》な批判まで担任に寄せられている。

最も問題なのは、親と校長が子どもたちには秘密裏に、二回目の手紙の回収を担任教師に命じたことだ。子どもたちには手紙がちゃんと渡ったと嘘をつき、返事が来なかったという理由でこの一件を終わらせるつもりらしい。

現在子どもたちは、ホームレスからの再度の返事を待っている。でも、返事は来ない。子どもたちは、手紙が校長室に眠ることになることを知らない。手紙のやりとりが準備不足で始まったことは事実だし、学校にも都合があるのだろう。(断っておくが、この話は学校側からの依頼に基づき始まった話なのだが、いつのまにか我々は迷惑な存在にされてしまった。)

ホームレスに対する偏見が強いことからしても、一朝一夕にはいかないことは理解できる。だから今後、手紙のやりとりが難しいのはしようがないとあきらめもつく。しかし、今回の終わり方は、まったく不正義そのものである。そんなものが教育か。平気で嘘をつく校長と親。自分たちは、子どもの前で一切説明することもない。手紙を書いた子どもの人権はどうなる。そしてホームレス人権は？　このままでは、手紙が来ないのはホームレスのせいとなる。

そしてF先生は担任を下ろされた。こんなまともではない大人たちの中にあって、子どもたちは生きている。「やっぱりホームレスは、手紙をもらっても返事もくれないいいかげんな人たちだ」と子どもたちは思うのだろうか。いや、「心の友達になります」と書いてくれたあのやさしい子どもたちは「ホームレスのおじさんたちは、いろいろ大変だから手紙が出せないのかもしれない」と思ってくれるだろうか。

この事実を言い出せないまま、炊き出しは始まった。もう返事が来ないどころか、自分たちに来たはずの手紙さえ、回収されることも知らずにホームレスの人々は、再び返事を書いてくれた。行き先のない十五通の手紙は、今も私の手元に残っている。

テントのなかで

「炊き出し」は、ホームレス支援において基礎的な活動だと言える。それは食事の提供がいわば、生存そのものに関する支援であるからというだけではない。正直なところ、所詮一週間に一度の弁当配りが、生存というレベルでの「基礎的支援」には、到底なり得ないことは明白だ。

では、なぜ「基礎的」なのか。それは、炊き出しが「出会い」の場であり、お互いの関係の原点となる機会だからだ。だから、この炊き出しをやめるわけにはいかない。どんなに立派な施設ができたとしても、この出会いの場面は欠かすわけにはいかないのだ。「一番しんどかった時に訪ねて来てくれた。」野宿を脱し、歩み始めた人からそんな言葉をいただく。どんなことがあっても、この原点に戻ることができる。

そんな思いで行ってきた炊き出しだから、ちょっとやそっとでは中止にしない。たとえ雨が降ろうが決行する。二十二年間で中止になったのは一度だけで、台風の直撃を受け中止せざるを得なかった時だ。しかしその時でさえ暴風雨のなか、野宿の方々のところを訪ね、中止を告げ回らねばならなかった。電話もメールも一切の連絡方法がない人々。野宿になるとはそういうことなのだ。これまでに約七百回の炊き出しで、十五万食を配布してきた。

昨年夏の炊き出しの折、突然の雷雨に見舞われた。まさにゲリラ豪雨。バケツをひっくり返したような雨が三十分間降り続き、稲妻が走り、雷鳴が轟《とどろ》いた。その場にいた全員が震え上がった。現場には逃げ場がなく、唯一の逃げ場といえば、炊き出し用のテントだった。慌てて全員が駆け込んだ。

テントのなかは、すし詰め状態の野宿者、スタッフ、その日炊き出しを担当した教会のメンバー、ボランティア、学生など百名以上。ひしめき合うようにして雨から逃れ、テントのなかに避難していた。私もそのなかにいた。「やれやれ」と思いながら、周囲を見ると、まさに「すし詰め」状態のみんなの様子が、なんともユーモラスでほほ笑ましく思えた。ボランティアも、当事者も、体を寄せ合い雨をしのぐ。炊き出しに何度も来ているボランティアでも、あれだけ身近に野宿者の存在を確かめたことはなかっただろう。

テントのなかは、お互いの「におい」が充満していた。炊き出しの弁当の匂い、風呂に入れぬ人々の匂い、香水の匂い。あらゆる「におい」が混じり合った。まさに「人間のにおい」だった。

雨は全員に降り注ぎ、全員をびしょ濡れにした。雷が全員を震え上がらせた。そこには何の差別もなく平等だった。テントの屋根には、「あんたもわしもおんなじいのち」と大きく書かれている。支援者と当事者という垣根を洗い流すように、雨は降り続いた。

支援者と当事者の間の「垣根」については、常々考えさせられてきた。初期のころ、持参したおにぎりと豚汁をおやじさんたちと一緒に食べていた。今となっては懐かしい。九〇年代後半になって野宿者が急増するなか、いつの間にか「配る側」と「配られる側」が机を挟んで向かい合うようになった。支援する側、される側――そんな構図ができあがっていった。

「あんたもわしもおんなじいのち」という言葉は、じつはそんなある時、野宿当事者から叱られた時の言葉だった。野宿者増加に対応するために炊き出しは、どんどんシステム化していった。「はい、ちゃんと並んで。順番ですよ」などとボランティアが「指導」し始める。そんな時、あるおやじさんが私に、「お前らいつからそんなに偉くなったんだ。あんたらもわしもおんなじいのちじゃないか」と言われたのだ。この時のことを忘れまいと、以来北九州ホームレス支援機構はこの言葉、すなわち「あんたもわしもおんなじいのち」を活動のテーマとして掲げるようになった。たしかに、時には厳しく対峙し、違いを明確にしなければならない時もある。だけど、あの雨は今一度私に「おんなじいのち」を示してくれた。

野宿者は、常に社会的排除の対象とされてきた。支援現場でさえ、「おんなじ」と胸を張れる状況はほとんどない。しかし何が違うというのか。イエスは言われる。

「人を裁くな。あなたがたも裁かれないようにするためである。あなたがたは、自分の裁く裁きで裁かれ、自分の量る秤で量り与えられる。あなたは、兄弟の目にあるおが屑は見えるのに、なぜ自分の目の中の丸太に気づかないのか。兄弟に向かって、『あなたの目からおが屑を取らせてください』と、どうして言えようか。自分の目に丸太があるではないか」（マタイ七・一～四、新共同訳）。

口語訳や新改訳聖書では、「ちり」と「梁」となっていたが新共同訳では、「おが屑」と「丸太」と訳された。問題は、「ちりと梁」という大きさの違いだけではない。「おが屑」と「丸太」は、大きさの違いはあるけれど、じつはどちらも「木」である。

そうなのだ、両者のなかには同質の問題が存在していたのだ。自分自身も苦しんできた問題と同質のものを相手が持っている、それゆえに、自分よりもはるかに小さな問題（ちり）も敏感に感じ取り、糾弾してしまう。しかも相手をさばこうとする自分が抱えている問題のほうが相手よりも大きいとなれば、それは大問題と言わざるを得ない。

「おんなじ」なのは、「いのち」だけではない。「罪」や「弱さ」を同じく抱えた人間同士ということだ。私たちすべては、自らの「罪の十字架」と、同時代を生きる「時代の十字架」を負っている。「あんたもわしもおんなじいのち」には、そのような意味が込められている。

イエス・キリストは、山上で人々にこう教えられた。

「天の父は、悪い人にも良い人にも太陽を上らせ、正しい人にも正しくない人にも雨を降らせてくださるからです」（マタイ五・四五）。

正しい者がだれなのかは、私にはわからない。ただ大切なのは、神様が私たちに同じく太陽を昇らせ、雨を降らせ給うという事実だ。それを忘れてはなるまい。

その場にいた全員に、どしゃ降りの雨が降り注いだ。空を見上げて、テントのなかの全員がこうつぶやいた。「早くやまんかなあ。」雨から解放されることを、全員が祈る思いで待っていた。テントのなかの全員が待ち望んでいたのだ。思いがひとつとなったとき、雨は小降りとなり、やがてやんだ。

三十分遅れで炊き出しが始まった。机が置かれボランティアはテントのなか、おやじさんたちはテント外に並び始める。「はーい、並んでください」とマイクの声。いつもの風景が始まった。残念ながら垣根は再びつくられた。

しかし、私はこの夜の光景を忘れない。野宿者もボランティアも同じテントのなかで待ち望んだあの夜の出来事を。私たちは解放を待ち望む、おんなじ人間なのだ。

「すべての人が解放される、そんな神の国が来ますように。」テントのなかの全員が、そう祈っているように私には見えた。

絆

「もう死にたい」、「自分は生きていても迷惑をかけるだけだから」。リーマンショック以後、急増した路上の青年たちはそう言ってうつむく。そんな若者の横に座り話し込み、私は少々乱暴な話をする。「君は自信家だ。」彼らは少々驚き、慌てて否定する。「自信がないから死にたいんです」と。

しかし、そうだろうか。彼らと話していていつも感じることは、彼らの言葉が「自問自答」であることだ。「自分は生きていていいか――俺なんか死んだほうがいい」、「家に帰ったらどうだ――親は迷惑がるに違いない」。自分で問い、自分で答える。自分自身の出した答えを鵜呑みにする。自問自答のただ中で、自分の言葉だけを聞き、自分の出した結論を信頼する。自分を信じているゆえに、彼らは「自信家」なのだ。「少しは自信をなくしなさい。赤の他人の言うことに耳を傾けなさい」とくり返し語りかける。

彼らが失ったものは何か。派遣切りが問題になった時、テレビや新聞はしきりに「住まいと職を失った若者たち」と報じた。だが、彼らが失ったものはそれだけではない。彼らは「絆」を失っているのだ。これまで私が路上で出会ってきた人々は、六十歳前後の方々だった。この世代の方々の多くは、すでに両親が他界していたり、兄弟と離別して数十年という方々だった。帰る家も家族も、もはやない人々だった。しかし、現在出会っている青年たちは、家族のいる世代、帰る家がある若者だ。しかし、帰れない。そこにたどり着くための関係や絆が切れている。彼らが失ったのは、住まいと職のみならず、絆なのだ。すなわち他者性を失った人々と言える。

人は、絆が切れるとどうなるか。第一に、いざという時に助けてくれる人がいなくなるということを意味している。これはたいへん深刻な事態であって、無縁状態では人は生きられない。だが、それ以上に深刻なのは、自分が何者かがわからなくなるということだ。すなわち、無縁化による「自己喪失」ということが問題なのだ。なぜなら、人は自分の存在意義を他者との出会いのなかで見いだすからだ。

「お父さん、ヘンな顔してる。」朝食の席で、妻から唐突にそう切り出されることがある。朝から喧嘩でも売るつもり？　「前からヘンですが……」と憮然《ぶぜん》として答える。「いや、きょうは一層ヘン」と追い討ちがかかる。「な、な、なぬ？」やっぱ喧嘩売ってるの？

いや、別に喧嘩をしているわけではない。妻は、その朝私がたいへん疲れた顔をしているることに気づいたのだ。「ヘンな顔」とはそういうこと。しかし不思議なことに、人は自分の顔がどんな状態かわからない。私は、朝の洗顔の際、自分の顔をちゃんと見ている（と思っている）。しかし、その顔がどれだけ前日と違うか、いや「ヘンか」は自分ではわからないのだ。

これは、顔だけの問題ではない。「自分のことは自分がいちばんよくわかっている」などと思っている人は少なくない。しかし、どれだけわかっているのだろうか。朝っぱらから「ヘンな顔」などと不吉なことを言われた日には、さすがの私も「きょうは早めに寝よう」と思う。結果、それで健康が維持される。

人は、自分の状態さえわからないまま生きている。だから他者の言葉、すなわち他者性が必要なのだ。考えてみると、人間という者は、そもそも一生で一度も自分の顔を直視することさえないのだ。鏡に映した時点で左右は逆転しており、それはもう自分の顔とは言えない。

一時期「自分探し」が流行《はや》ったが、自分のなかをどんなにがんばって探っても、何も出てはこない。いや、出てこないどころか、なんだか気味の悪いものばかりが見えてきたりする。本当に自分を知りたければ、他者と出会うことだ。他者の言葉によって、私は自分を知る。「ヘンな顔している。」この無礼な一言に、内心感謝している。

聖書に出てくる使徒パウロは、そもそもキリスト者を迫害していた熱心な「ユダヤ教徒」だった。そんなパウロが、復活のキリストと出会い、回心し、伝道者（使徒）となる。しかし、キリスト者となったパウロであったが、その後も彼は自分の罪の現実に苦しみ嘆いている。

「私には、自分のしていることがわかりません。私は自分がしたいと思うことをしているのではなく、自分が憎むことを行っているからです」（ローマ七・一五）。

パウロは、自分が欲していることはしないで、欲していない悪を行っていると言い、自分が悪に支配された死のからだを持っていると嘆く。パウロは「自分は何者であるか」という自己同一性の問いに立っている。そんなパウロは、苦しんだ末にこう言う。

「私は、ほんとうにみじめな人間です。だれがこの死の、からだから、私を救い出してくれるのでしょうか」（同二四節）。

パウロは、だれがと問う。すなわち、他者へと向かう問いへとたどり着いたパウロは、絶対他者であるイエス・キリストに出会う。キリストこそが、彼が罪人（元々は迫害者）であること、しかも赦された罪人であることを知らしめる。そして、そんな彼になすべき使命を与えてくださる。パウロは自分ではなく、キリストという他者によって自分の存在意義を知るのだ。

少女は十八歳だった。彼女のことは、小さいころから知っていた。なぜなら彼女の両親もまた、支援の炊き出しに並んでいたからだ。両親がそのような状態であったので、彼女は児童施設に預けられ、親との面会もままならなかった。ましてや、引き取ることもできない。少女は、時折施設を抜け出し、炊き出し会場で母親と会っていたのだ。そんな親子の姿を、切ない思いで見つめていたことを思い出す。貧困の世代間連鎖は、現実に起こっている。親の貧困が子どもに引き継がれるのだ。

それから数年経って、今度は彼女がホームレス支援の相談窓口に現れたのだ。十八歳になっていた。十六歳で施設を出てひとり暮らしを始めた。就職し、結婚もしたが、うまくいかなかった。いろいろなことが重なり、家を失った。行き場がなくなった彼女は、かつて行ったことがある、ホームレスの相談窓口に助けを求めたのだ。慌ててアパートを準備して、何とか生活が始まった。その時、彼女は妊娠五か月だった。「産みたい」という彼女の決意は固かった。

ある日、妻が彼女と話していた。「あなたはこれからどうしたいの?」と問われた彼女は、少し考え込み、「私は、しあわせになりたいんです」と答えた。若くして人の何倍も苦労した彼女がそう答えたことに、私は胸が詰まった。しかし妻は、さらにこう尋ねるのだった。「じゃあ、あなたにとってしあわせとは何よ?」

「しあわせになりたいで十分ではないか」と思ってしまう私だが、この問いに彼女がなんと答えるのか耳を傾けた。彼女はうつむき、そして一言こう言った。「わからない。」

「そうだ、そうなんだ。しあわせが何であるか、それはひとりで考えていてもわからない。かくいう僕もわからない。だから、君はここに来たんだ。だから、みんなのなかで生きていくのだ。そして他者との出会いのなかで、自分とは何者かを考え、そして、しあわせとは何かを知るんだ。一緒に生きよう。」私は心のなかでそう叫んでいた。

その後、彼女は出産した。元気な男の子だった。「我が家に来なさい」との誘いに、「ひとりで産む」とがんばる彼女。言葉どおり出産当日、ひとり病院に向かった。連絡を受け、妻が慌てて病院に駆けつけた。

彼女は出産後も「ひとりで育てる」とがんばっていたが、退院当日、「奥田さんの家に行っていい」との申し出があり、私は慌ててベビーベッドを借りに走った。

その後一か月間、わが家は久しぶりのベイビーの登場に沸いた。当初、金髪に染めていた彼女だったが、子育てに忙しく髪を染める暇もなくなった。一日一日と、金髪は黒髪へと変わっていった。それと同じように、「やんちゃ娘」は母へと変えられていった。人は出会いによって変わる。生まれた子どもが少女を変えた。

「だれが救いだしてくれるだろうか。」出会いこそが、私を変え、私が何のために生きるのかを示してくれる。

「キリストは神の御姿である方なのに、神のあり方を捨てられないとは考えず、ご自分を無にして、仕える者の姿をとり、人間と同じようになられました」（ピリピ二・六〜七）。

キリストは、私と出会うために神であることを捨ててくださった。この絆こそが、私を生かし、私を変える。

ゴーイングホームデイ

「ゴーイングホームデイ——家に帰る日」と名づけられたその一日は楽しく、温かく、懐かしい一日だった。

ホームレス支援機構の支援を受けて、野宿状態から脱し自立した方は、七〇〇名を超える(二〇一〇年、当時)。当事者、支援者、職員がひとつの家族になって、「お祭りをしよう」と企画されたこのイベントには、二二〇名の方々が参加した。

ホームレス支援は、住まいと職(あるいは公的扶助)の確保が、第一の課題であることは言うまでもない。しかし、それで終わるかと言われると、それでは終わらない。「畳の上で死にたい」と言っていた人がアパートに入る。しかし、次は「だれが最期を看取ってくれるだろう」が課題となる。人が生きるとは、そういうことなのだ。

「ゴーイングホームデイ」は、第一部運動会、第二部文化祭というもの。数日前に、自立支援住宅に現在住んでいるTさんを訪ねた。「運動会は、久しぶりやけね。ちゃんとできると思うけどね。みんなで盛り上げないけん」と張り切っていた。

当日、支援住宅入居の方々が披露してくれた蛇踊りは、圧巻だった。僕自身も三十年ぶりのリレーに出場。文化祭ではラインダンスに挑戦。今も筋肉痛が心地よい。みんながひとつになって笑った。お互いに励まし、拍手をし合った。自立支援住宅、自立支援センター、抱樸館下関、抱樸館到津、抱樸館福岡、なかまの会、すでに自立された方々、ボランティア、職員、支援者。それは、大きな家族が見えた一日だった。

野宿という経験は、できればしないほうがいい。人生の中で、望まずしてそのような時を迎えてしまった人々。極貧と孤独の日々は、「苦難」以外のなにものでもない。しかし、こういうこともできるのではないかと、「ゴーイングホームデイ」に集まった方々の笑顔を見ながら確信した。――「野宿は悪いことだけではなかった」。

そこで笑っている全員が、「野宿」という最悪の事態を契機に出会い、家族になり、腹の底から笑っている。野宿になってひとりぼっちの孤独を体験した人々が、それまでの人生にはなかった、より多くの人々と出会い、大きな家族になっていく。神様は、そんな希望を思いがけず備えられる。それでも、「野宿は良かった」などとは決して言えない。しかし、「悪いことばかりじゃなかった」とは言えるのではないか。みなさんの笑顔を見て、そんなことを思わされた。

「わたし（神）の力は弱いところに完全にあらわれる」（Ⅱコリント一二章）。

身体に障がいを持っていたパウロは、自分の苦難に向かい合うなかで神の力を見いだした。

黙禱

年に二度、炊き出しを行う公園の片隅に「記念碑」が並ぶ日がある。路上で亡くなった方々を覚えるための追悼集会だ。

「記念碑」とは、亡くなった人々を偲《しの》ぶために彼らの名前が刻まれた丸太のこと。いわばお墓の代わりである。路上で亡くなる方の多くが、「無縁仏」として最期を迎える。家族の迎えがない人、なかには身元もわからぬままの人も少なくない。「氏名不詳」とだけ書かれた「記念碑」が痛々しい。追悼集会で、いのちを心に刻む。活動開始二十年、記念碑は百本を超えようとしている。

「ひとりで死なない。ひとりで死なせない。」

目指すべきものとして、私たちが掲げている支援のテーマのひとつである。「ひとりで死なせない。」それがどんなに困難であるかを知りつつも、ホームレス（無縁者）支援において、支援者がこの覚悟を決めることが何よりも重要であることは、言うまでもない。「ひとりで死なせない」は、亡くなった本人はもちろん、今路上にいる人々にとっても伝えるべきメッセージなのだ。

二十年間で東八幡キリスト教会の納骨室には、路上で死を迎えた人々の遺骨が多く納められた。スペースにも限界があり、最近は小さな骨壺に入ってもらい引き受けている。さて今後どうするか。しかし、この最期の「引き受け」を教会（宗教）が行う意味は大きい。それが地域にある教会（宗教）の使命なのだと思っている。

今年の新年炊き出しも、追悼集会で始まった。「生きて春を迎えよう」と呼びかける。決して大げさではない。亡くなったひとりひとりのことを報告し、全員で黙禱をする。二百人以上が集まる公園が一瞬静まりかえり、恐ろしいほどの静寂に包まれる。

「黙禱」は、「無言のまま心のなかで祈禱する」こと（広辞苑）。当初追悼のたびに、心のなかで私はこう祈っていた。「神様、路上で亡くなった○○さんをどうぞよろしくお願いします。もう寒さも、ひもじさもない、あなたの平安の内にどうぞお招きください。どうぞ後はよろしく。」

数年が過ぎたころ、私は祈れなくなっていた。追悼集会における黙禱は、私を沈黙へと導いた。願望や希望が容易に入り込むことのできない現実を前にした時、人は祈れなくなる。完全なる沈黙が私を支配する。人間のいかなる言葉も通じない、その場の全員が黙らざるを得ない。それこそが路上の黙禱となっていった。

だれに訴えることも、だれに看取られることもなく、人が死んでいく。しかもその場で追悼している側の人々、すなわち現在、野宿状態に置かれている人々にとっては、明日は自分が追悼されているかもしれない、という現実と向かい合う瞬間なのだ。

支援者もまた言葉を失う。「この人が公園でひとりぼっちで死んだ日、私はどこにいたんだ。何をしていたのだ。」自問すれども自答できないなかで、黙って下を向きうなだれる。「神様、後のことはよろしく」などと気楽に祈ることなど許されない。路上の黙禱は絶句と沈黙となっていた。

人はいつ祈るのか。願いのあるとき、人は祈る。祈りは希望だ。人はいつ祈るのか。だれかを心配するとき人は祈る。祈りは愛である。しかし、人生には祈ることのできない日がある。祈ることさえ「しんどい」と思う夜がある。その日、私たちのなかから「祈り」が消える。人間の祈りの本質である希望も、愛も、私たちから消え失せたその日、私たちは沈黙するのだ。

聖書が伝えるクリスマスは、新しい王の誕生を知らされたヘロデ大王が、自分の王座が脅かされることを恐れ、ベツレヘム周辺の二歳以下の子どもを虐殺したことを告げている。子どもたちを殺された母親たちはもはや、「慰められることを拒んだ」（マタイ二・一八）状態であった。残念ながら私たちにも、そんな絶望の日がある。その日、私たちは沈黙するしかなくなる。しかし、その沈黙こそが、祈りの深みへと私たちを導くのだ。

寒風吹きすさぶ公園で押し黙るしかなかった私は、沈黙しつつも、それさえ長続きしないことを知っていた。虚無が私たちを飲み込もうとしたその時、私たちはただただ耳を澄まして、何かを聴こうともがき始めた。

「もう語ることも、祈ることもできない。気のきいた祈りなどできない。だから、だから、だれか何か言ってくれ。」そんな声にならないうめきがある。これが路上の黙禱の中身なのだ。

マザー・テレサは言う。

「祈りは願いごとではありません。祈りとは自分自身を神のみ手のなかに置き、そのなさるままにお任せし、私たちの心の深みに語りかけられる神のみ声を聴くことなのです。」

マザー・テレサもコルカタの街角で、死にゆく人を前に絶句していたのだと思う。そして、ひたすら自分に語られる言葉、神の言葉を聴いていたのだと。「黙って聴く」という「祈り」があることに、人は絶望のなかで気づかされる。

自分のなかのどこを探しても希望が見いだせない。むしろ、希望とは正反対のものばかりが見いだされる。しかし、希望がなければ人は生きられない。希望はどこにあるのか。希望は私の外にあるのだ。そうなのだ。希望は外から差し込む光なのだ。この光を受ける時、祈りは「祈ること」から、「祈られること」へと転換する。外からの声に必死に耳を傾ける。路上の黙禱は、そんなふうに祈らざるを得ない人の祈りにほかならない。

十字架を前にしてイエスは、弟子であるペテロにこう語りかけられた。

「しかし、わたしは、あなたの信仰がなくならないように、あなたのために祈りました。だからあなたは、立ち直ったら、兄弟たちを力づけてやりなさい」（ルカ二二・三二）。

そのようにイエスに言われたペテロは、「主よ。ごいっしょになら、牢であろうと、死であろうと、覚悟はできております」と胸を張る。しかし、イエスは「きょう鶏が鳴くまでに、あなたは三度、わたしを知らないと言います」と告げるのだった。そのペテロが三度、知らないと言ってイエスを裏切ったのは、まさにその直後だった。

ペテロは絶句したに違いない。もはや祈ることなどできなかっただろう。そんなペテロであることを、イエスは十分知っておられた。だから、「あなたのために祈った」とイエスは事前におっしゃったのだ。自分の裏切りとイエスの処刑を目のあたりしたペテロは、あの日のイエス・キリストの言葉を必死に思い起こして、聴き直し、その言葉に耳を傾けたに違いない。「あなたのために祈った」という、イエスの言葉にしがみつき、涙を流しながら、「アーメン」とうなだれるペテロの姿が浮かんでくる。

現在の教会に赴任した時、大石さんという女性がおられた。寄る年並みで物覚えが極端に難しくなっていた。ある日、この大石さんが献金の祈りに立たれた。

「神様、この献金を御用のためにお使いください。……神様、じつは私は最近どうも物忘れをしているようです。みなさんのご迷惑になっていないか、とても心配です。」

就任したての私は、どうしたらいいのか内心慌てていた。しかし祈りはさらに続いた。

「神様、このままだと私はいつか神様のことも忘れてしまうのではないかと、とても不安になります。」深刻な祈りの言葉に礼拝堂は静まりかえった。さあ、どうする……。

しかし、大石さんは最後に絞りだすように、こう付け加えられたのだ。

「しかし、神様。もし私があなたのことを忘れても、あなたは決して私のことをお忘れになりません。だから私は生きていけます。」

静かな感動が礼拝堂を包み、絶望を凌駕する希望の光が「外から」礼拝堂に差し込んだ瞬間だった。大石さんが天に召されて数年になる。この大石さんの祈りが、時折絶句する私を今も支えている。

「あなたの信仰がなくならないように、あなたのために祈りました。」このイエスの一言に傾聴したい。路上の黙禱は、たとえ私が祈ることができなくとも、私たちの人生から祈りが奪われはしないこと、希望はなくならないことを、きょうも私たちに示し続けてくれる。

年二回、公園で行われる追悼集会

「黙れ」

藤崎巌さんと出会ったのは、一九九四年。北九州のホームレス支援活動が始まって五年が過ぎたころだった。そのころの私は、毎週深夜の駅前に藤崎さんを訪ねていた。

当時、すでに六十歳代後半だった藤崎さんの首には大きな腫瘍があり、首全体が左に大きく傾いていた。アパートに入居すること、いや何よりも入院を勧めたが、本人は一切応じられなかった。私が訪ねるたびに、「もういいです。放っておいてください。もう死にますから」とくり返されるのだった。それでも何とか説得し、病院に行く約束を取りつけたこともあった。当日、病院のロビーで藤崎さんを待ったが、結局藤崎さんは現れなかった。後日、「何で来んかったん」と尋ねる私に、やはり「もういいです。放っておいてください」と、いつものセリフをくり返すのだった。

「もういいです。死にますから。」静かに、しかも確実に語られるその言葉は、私のどんな説得の言葉よりも説得力があった。それは絶望的であるゆえに、絶対的な響きを持っていた。「死んでもいい」と言い切る人に、「そもそも人は生きなければならない。いのちは大事だ」などという「理屈」は意味を持たない。果てしないむなしさが、私たちを奈落の底へと突き落そうとしていた。

聖書には、イエスが旅先で病人をいやされたという記事がしばしば登場する。その際にイエスが病人に「治りたいのか」と尋ねられた記事がある。

「イエスは彼が伏せっているのを見、それがもう長い間のことなのを知って、彼に言われた。『よくなりたいか』」（ヨハネ五・六）。

そんなイエスに尋ねたい。「もしあなたが治りたいのか、と尋ねられた時に『もういいです。死にますから』と本人が答えたなら、あなたはどうされたでしょうか。」

あのころ、むなしい訪問を続ける私を支えていてくれたみことばがある。マルコの福音書一章に記されている、イエスが汚れた霊につかれた人をいやされる場面である。

「汚れた霊につかれた」とは、どのような状態なのか。病気だったのか。いずれにせよ、その男は問題を抱え苦しんでいた。男はイエスに気づき、イエスに対してこのように叫んだ。「あなたはわたしとなんの係わりがあるのです」（二四節、口語訳）。

これを「かまわないでくれ」と訳す者もいる。男は自らイエスとの関係、いやし主との関係を断とうとする。しかし、その時イエスは「かまわないでくれ」という男を、「黙れ」と一喝されるのだ。

「イエスは彼をしかって、『黙れ。この人から出て行け』と言われた。すると、その汚れた霊はその人をひきつけさせ、大声をあげて、その人から出て行った。人々はみな驚いて、互いに論じ合って言った。『これはどうだ。権威のある、新しい教えではないか……』」（マルコ一・二五〜二七）。

男はいやされた。目撃した人々は、いやしという奇蹟に驚いたことだろう。しかし、聖書はそれ以上に、イエスの言葉、すなわち「権威ある新しい教え」に驚いた、と記している。

イエスの「黙れ」は、膠着《こうちゃく》状態が続く藤崎さんとの対話を続ける私にとって、希望だった。「黙れ」は、絶望の言葉を語る藤崎さんに対するイエスの宣言であると同時に、じつは私に対する宣言でもあると思えた。なぜなら、当時私のなかには、「もう何を言っても無駄だ。結局は本人次第だ」という諦観があり、絶望に飲み込まれそうになっていたからだ。イエスはそんな私に、「黙れ」と一喝してくださったのだ。それはなによりも「権威ある言葉」として、私のなかに響いた。だからその後、「放っておいてください」の藤崎さんを訪ね続けることができたのだ。七年が過ぎた。そしてあの日を迎える。

その日もいつもと同じように、藤崎さんを訪ねた。

「はい、お弁当どうぞ。」

「ありがとう。」

「アパート準備しましょうか。」

いつものパターン。いつもなら「もう、いいです。放っておいてください」と藤崎さんが言い、私は「じゃあ、また来るね」と引き下がる。しかし、その日は違っていた。

「はい、お願いします」と藤崎さんが答えたのだ。

最初、何が起こったのかわからなかった。「今、何と言われました。」慌てて聞き直す私に、藤崎さんは静かにほほ笑んでおられた。

その日は来るのだ。勝手に諦めるのは申し訳ない。「五回言ったからもうダメだ」とは言えない。六回目かもしれない。「神様の時（カイロス）」というものがある。これは私たちが日常使う「時間（クロノス）」とは違う。

「神様の時」について、旧約聖書の「伝道者の書」にはこう記されている。

「天の下では、何事にも定まった時期があり、すべての営みには時がある。生まれるのに時があり、死ぬのに時がある。……泣くのに時があり、ほほえむのに時がある。嘆くのに時があり、踊るのに時がある。……捜すのに時があり、失うのに時がある。……黙っているのに時があり、話をするのに時がある」（三・一～二、四、六～七）。

ここで語られる「時」は、「神様の時（カイロス）」。それは「神様の時」であるゆえに人間にはわからない。しかし、それが「神様の時」であるゆえに、私たちは最後にこう告白できるのだ。

「神のなさることは、すべて時にかなって美しい」(同一一節)。

支援住宅に入居されてからの藤崎さんは、別人のように明るくなった。険しかった表情が笑顔へと変わり、可愛いおじいちゃんになっていった。しかし、平穏の日々は長く続かなかった。首の腫瘍はどんどん大きくなり、医師は入院を勧めた。しかし、本人はなるべく入院したくない、自宅にいたいとの意思を明確にしていた。

入院しても、手術さえできない状態だった。医師は、「腫瘍を取るには、首ごと取らねばなりません」と語った。ならばと、ボランティアでチームを作り、ターミナルケアの体制を取った。この最後の闘いの日々も、そう長くは続かなかった。

腫瘍は皮膚を壊死させ、首には大きな穴があいた。一日数度のガーゼ交換のために、皆で通った。訪問医療を担当してくれた医師からは、「いつ動脈が破れ、大出血を起こすかわからない」と告げられた。支援住宅入居から十か月、藤崎さんはついに入院された。あれだけ嫌がっていたが、最後は自分でタクシーを呼び、入院された。「時」が来たことを自分で悟られていたようだ。

その後、見舞いに通う日々が続いた。ガンが声帯を冒し、すでに声は出なかった。会話はもっぱら筆談となった。

亡くなる前日。病室を訪ねた。「書きますか」と尋ねると、もう書けないと手で示された。聖書を読んで祈った。祈り終えると、藤崎さんが今度は、「書きたい」と合図された。筆談用のノートを顔の前に差し出す。震える手で、藤崎さんはこう書き残してくださった。「奥田先生ありがとう」

それはヨレヨレの字だったが、たしかにそう書かれていた。涙があふれた。「こちらこそ、ありがとうございました。あなたと会えてしあわせだったと思っています」と告げた。

感謝されたことがうれしかったのではない。「ありがとう」と言ってもらうために、活動してきたのではない。しかし、藤崎さんのこの一言は、その後の支援活動に大きな希望を与えてくれたのだ。それは、「人はいつか変わる」という希望だ。「放っておいてください」と言っていた人が、「ありがとう」と言う。翌朝、藤崎さんは静かに息を引き取られた。

人はいつか変わる。「神の時」であるゆえに、それがいつかは人にはわからない。しかし時は備えられる。そう信じる。だから諦めない。「もういいです。放っておいてください」と言っていた人が、「ありがとう」と言って逝かれる。これは神の働きのほかなにものでもない。

神様は、傲慢な、「もういいです。放っておいてください」とうそぶく私たちを、「黙れ」と一喝される。「どれだけやっても所詮変わらない。もうあきらめよう」と言う私に、「黙れ」と迫り、私のなすべきことを示してくださる。聖書の神は、生きて働いておられる。だから私はあきらめない。あきらめそうになったなら、イエスの「黙れ」に一喝されたい。

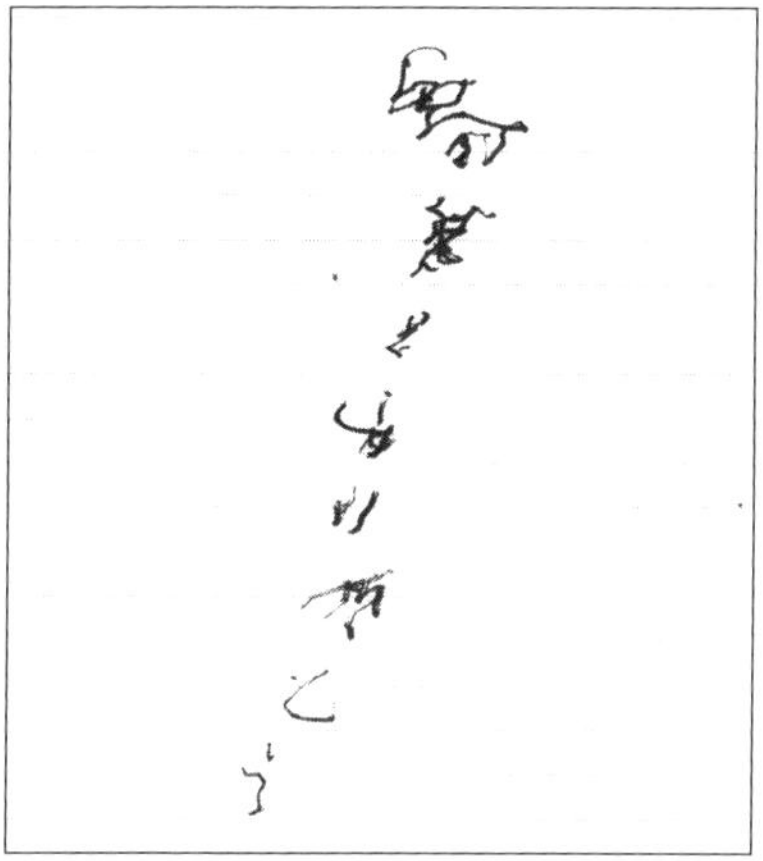

「奥田先生ありがとう」
藤崎さんが最後に書いた言葉

藤崎さんにはいずれ会う。神のもとで再会するのだ。その時には、私のほうからこう言いたい。「藤崎さん。ありがとうございました」と。

出発式

二〇〇一年五月に開所したホームレス支援のための「自立支援住宅」は、その後八月までに八名が入居され、実質的な活動を開始した。そして四か月が過ぎ、二〇〇一年十二月十五日、いよいよ支援住宅から恒久住宅へ、初めての旅立ちを迎えたときのことを思い出す。そのとき支援住宅を出たのは六名（病気などで残り二名は、二月に出発）。

旅立ちに際して各担当者（ひとりの入居者につき二、三名のボランティアがお世話役として付く）から、「励ましの言葉」が額に入れられ贈られた。

「いろいろ、ありましたね」と、一節読んだとたんに泣き出してしまった担当者T。彼の担当したKさんはなかなかのつわもので、担当者は苦労させられた。

ある入居者は、「励ましの言葉」に応え、こう語られた。

「このたび、私が困窮を極めている時、だれにもできない手助けをしていただき、最近やっとどうやら生きていけるようになりました。まだ体調がすぐれませんが、良くなり次第、好きな絵を書いたり、ボランティア活動を通して少しでも社会に貢献したいと思います。」

助けられた人、助けた人みんながうれしくて泣いていた。助けた人も、じつは助けられていたことをしみじみ感じていた。担当者のだれもが、自分の存在意義について少し胸を張れた時だった。「あなたに出会えてよかった。」その言葉が別れのあいさつになった。

ただひとり、Hさんは会場に最後まで現れなかった。担当者Sは、何度も支援住宅と教会を往復し、捜し回っていた。Hさんが支援住宅に戻ったという連絡が入ったのは、夜十時を過ぎたころだった。担当者が意気消沈している姿が痛々しかった。

「励ましの言葉に対する応答の手紙が書けなかった」と翌日打ち明けられたそうだ。字を書くことが彼にとっては大きなプレッシャーだったのか。それならばそう言えばいいのに。でも言えなかった。それだけの関係にすぎなかったのか。

初めての旅立ち。喜びとともに宿題ももらった。二日後、担当者たちは入居者とともに引っ越しをした。Hさんも無事新居に入られた。

神様、新しい生活に歩み出した六人をどうかお守りください。自分のことのように泣き、怒り、そして喜んだ担当者を特別に褒めてやっていただきたい。

新たに七人の入居が開始される。

僕らの出会いの旅は続く。

わが父の家にはすみか多し

病院から連絡があったのは日付が変わろうとしていた時だった。Hさん危篤。「ついにその時が来たか」と車を走らせる。

エレベーターを降りると、暗い廊下の先にひとつだけまぶしく明るい部屋がある。これまで何度も見てきた光景。その部屋に入るのが怖かった。

Hさんはすでに召されていた。入院時、もう手のつけられない状態であった。少しはだけた胸元には、外から見てもわかるほどのコブがある。ガンは相当進行していたのだ。私は病室で祈った。

ふた月前、Hさんは身体を引きずるように炊き出し会場に来た。すでに、ただならぬ状態であることは、だれの目にも明らかだった。入院を勧めるが、拒否された。「救急車を呼びましょう」という私たちに対して、かすれた声で「仕事もないし、生きていてもしようがない。自分は邪魔な存在だから……入院はしない」と言う。

これまでの人生にいったい何があったのか。自分のことを「邪魔な存在」とHさんは言う。「邪魔な存在には、居場所など不要だ」と言わんばかりに入院を拒まれる。「邪魔な存在」、この言葉が私たちの上に重くのしかかった。

それでも野宿場所を訪ね、入院を勧める。何人ものボランティアスタッフが彼をくり返し訪ねた。ただ、そのたびに「入院はしない」と、彼ははっきり言うのだった。「でもね、今は医学が発達しているし、治療の方法もあると思うよ」とか、「そもそもいのちはね、地球よりも重いというよ……」などと説得するも、すべて拒否。

「邪魔な存在」という言葉が私たちの前に立ちはだかっていた。本人の意思を尊重するというだけなら、それでよいのかもしれない。こういう場合、「やるだけやった。助けてほしければ、本人がまず『助けて』というべきだ」と考える人は少なくない。いわゆる「申請主義」だ。現在の社会保障制度は、このことを原則としている。しかし、人は困窮、かつ孤立が深刻になればなるほど、もはや「申請する」ことさえできなくなる。「本人が申請しなかったから」を支援をしない理由にしても、むなしさが残るばかりだ。

たしかに、支援を押し売りすることはできないし、してはいけない。しかし「出会った責任」ということがあると、私は二十年間現場で考えてきた。Hさんが何を望もうが、どう考えようと、出会ってしまった私の責任において、こう宣言させていただく。「Hさんがどう思おうと、僕は入院してもらいたいし、生きていてほしい。」それを伝え続けた。でも彼は入院するとは決して言わなかった。

しばらくして、Hさんが倒れ、救急搬送されたとの連絡が病院から入った。お見舞いに伺うと、Hさんは笑みを浮かべながらこう言うのだった。「医者の話じゃ、俺はもう死ぬらしい。」私は絶句した。

路上を脱し自立した後、病気に倒れ、入院した方を見舞う。路上時代は、「早く死んだほうがまし」と言っていたその人が、おいおい泣かれる。「もっと生きたい」と。だれかと出会い、希望を持つことで人はちゃんと悲しむことができるようになる。泣けるようになる。路上での孤立は、「生きたい」という希望を人間から削ぎ取り、死ぬこと、離別することを悲しみ、泣くという当たり前のことさえも許さなくする。泣くこともなく、「死ぬらしい」と淡々と告げるHさんの笑みに、深い絶望の闇を見た。

病室でどうしても言わねばならないと思っていたことがあった。しかし、伝えることもできないまま、彼は召された。入院から二か月足らず。享年五十二歳。

ボランティアと野宿仲間が集まり葬儀を行った。家族は来ない。葬儀説教に彼に伝えたかった「言葉」を込めた。

「Hさん。天国に行く前にあなたに伝えたいことがあります。本当は病室で、いや、あなたが入居されるはずのアパートの部屋で、あなたに伝えるべき言葉だったのかもしれません。だからよく聞いてください。

あなたは邪魔者ではありません。

僕はあなたに会って、あなたの『邪魔者』という言葉にたじろぎました。あの言葉が今も胸に突き刺さっています。でも、覚えていますか。あなたが『入院しない』とおっしゃった後、何人もの人が路上のあなたを訪ね、説得を試みたでしょう。見舞った人も少なくありません。そして、ご覧なさい。きょうのあなたの葬儀の会場で、泣いている人が何人もおられます。それでもなお、あなたは『自分は邪魔な存在だ』と言いますか。あなたは邪魔者ではありません。もう一度言います。あなたは邪魔者ではない。

私たちは悔やんでいます。もう少し早く何かすべきだった、と。あなたと向かい合い、生きることについて、喧嘩をしてでも語り合うべきだった、と。人はひとりでは生きていけません。私たちには『ホーム』と呼べる人が必要なのです。人は『だれか』に心配してもらわないと病気とも闘えないのです。『だれか』がいないと、『死ぬのは嫌だ』と言って泣くことさえもできないのです。僕らは、あなたの『だれか』になろうと思いました。しかし、残念でなりません。それが今の正直な気持ちです。

僕らの手の届かないところに行かれたHさんに、聖書の言葉を贈ります。

『あなたがたは心を騒がしてはなりません。神を信じ、またわたしを信じなさい。わたしの父の家には、住まいがたくさんあります。もしなかったら、あなたがたに言っておいたでしょう。あなたがたのために、わたしは場所を備えに行くのです。わたしが行って、あなたがたに場所を備えたら、また来て、あなたがたをわたしのもとに迎えます。わたしのいる所に、あなたがたをもおらせるためです』（ヨハネ一四・一〜三）。

だれが邪魔な人に住まいを準備するでしょう。天国に召されたあなたは、今や認めざるを得ないと思います。あなたのために住まいが準備されていたことを。そのために主イエスが奔走《ほんそう》されたことを。主イエスは、あなたの住まいを天国に確保するために、あなたの十字架を担ってくださったのです。

Hさん、そもそも神様は邪魔な存在を造るほど、お暇ではないし、愚かでもありません。苦労の多い生涯であったことは想像に難くありません。最後にあなたが絶望の闇のなかでどれほど苦しまれたか、それは私の想像をはるかに超える事態であったと思います。

それでも私はきょう、Hさんに伝えたいのです。いや、これは『宣言』だと言っていいでしょう。『わが父の家にはすみか多し――あなたは邪魔な存在ではない。』この言葉は本当です。あなたは信じないと言うかもしれません。でも、ここに集まった者たち、そう、あなたのために泣いている人々全員は、この言葉を全力で信じます。それは、出会った者たちの責任なのです。」

Hさんが召された時、町はアドベントを迎えようとしていた。「自分は邪魔者」と孤独の深淵で嘆く男にも、クリスマスは訪れた。孤立のなかで、存在意義を見失う人々が必要としているものは、絆。

マタイの福音書において、クリスマスは「インマヌエル（神は私たちと共におられる）」（一・二三）の到来として伝えられる。イエスの母となるマリヤが、神の霊によって身ごもったと、天使を通じて、いいなずけのヨセフは聞かされる。その子は「インマヌエル」と呼ばれると天使は言うのだ。

神がどんな時にも、私と共にいてくださる――インマヌエル。私たちと神の絆は、クリスマスにおいて結ばれたのだ。たとえ、私が「放っておいてくれ」と言ったとしても、クリスマスは到来する。「自分は邪魔な存在だ」と私が言い張ったとしても、「インマヌエル＝神が私たちと共におられる」という事実は変わらない。なぜならば、それはすべて神の側の決断と責任でなされたからだ。この絆こそが、救い主誕生の意義なのだ。

Hさんはひとりで逝ったのではない。私はそう信じる。彼だけではない。二十二年の歩みのなかで召されていった人々で、「インマヌエルの主」と無縁だった人などひとりもいない、と。たとえ、どんなに私たちが拒否しようとしても、インマヌエルこそが唯一の現実なのだ。

きょうもホームを失ったすべての人々に伝えよう。

「わが父の家にはすみか多し」――あなたは大切な存在だと。いずれその「すみか」において、再会するその日まで。

Ⅲ

自分の十字架——絆が人を生かすから：ホームレス支援の現場で聖書を読む

マルコの福音書八章三四～三五節

それから、イエスは群衆を弟子たちといっしょに呼び寄せて、彼らに言われた。「だれでもわたしについて来たいと思うなら、自分を捨て、自分の十字架を負い、そしてわたしについて来なさい。

いのちを救おうと思う者はそれを失い、わたしと福音とのためにいのちを失う者はそれを救うのです。」

1　はじめに――「助けて」と言えない

二〇〇八年九月のリーマンショック以降、二十代、三十代の青年をしばしば路上で見かけるようになった。彼らはまさに、「自己責任論」の時代に思春期から大人へとなった世代であった。これまでのホームレス者の平均年齢は五十代後半であって、事実上、天涯孤独の身の上の人が多かった。一方、路上で出会う青年たちの多くには家族がいる。しかし、彼らは家に帰ろうとしない。なぜ帰らないのか。

「こんなみすぼらしい格好では帰れない」、「もう一度働いて、お金を貯めたら家に帰れる」――彼らは、そう言うのだった。

また、「このような状態（ホームレス）になったのは、だれが悪いと思うか」との質問に、ある青年はこう答えた。「だれが悪いって、自分が悪いんですよね。」自分を責め続ける青年たちは、持っていき場のない怒りと悲しみ、喪失感を抱えながら、夜の街角に座り込んでいる。

二〇〇八年十二月以来、私たち北九州ホームレス支援機構では、路上の青年たちに、テレホンカードと手紙を渡すようにしてきた。相当数を配ったと思うが、反応はあまりない。手紙には、以下の内容が記されている。

あなたへ
もしかすると、今夜あなたは仕事がなく、行くところもなく、困っておられるかもしれません。そんな思いであなたのところを訪ねました。きっと「自分ががんばるしかない」と精いっぱい自分を励ましておられるのだろうと思います。あなたはもう十分がんばられたのだと思います。
辛い状況があなたを苦しめていることでしょう。でも、それはきっとあなたにだけ責任があることではないでしょう。いや、まったくあなたとは関係のない事情で、あなたが苦しめられているのかもしれません。
私たちは、行き場のない人、困っている人、路上や公園で過ごさざるを得ない方々の相談を受け、住む所や働く場所、生活保護の申請などのお手伝いをしているボランティア団体です。NPO法人北九州ホームレス支援機構と言います。相談されませんか。

私たちにできることは限られています。今すぐにあなたの問題をすべて解決できるわけでもありません。

でも、ともかくあなたにこれだけは伝えたいのです。あなたはひとりではない。私たちは、あなたと一緒に考え、一緒に悩みたいと思っていることを。どんなに闇が深くても、道が閉ざされているように思えても、まだ、あきらめるのは早いのではないかと、私たちはあなたへ伝えたいのです。

活動を開始して二十年になります。すでに七百名以上の方々が路上や困難な状況から支援を受けて生活を取り戻していかれました。

実は、かく言う私たち自身弱く、決してひとりでは生きていけない人間なのです。おなじ人間、おなじいのちです。だから一緒に生きていきたいのです。

「助けて」はとっても言いづらい一言です。でも、それは恥ずかしいことではありません。少し勇気を出して相談してください。

（以下、奥田の連絡先や炊き出しの日程が記載されているが省略）

青年たちは「助けて」と言わない。言えないのだ（このことについて、くわしくはNH

Kクローズアップ現代取材班編『助けてと言えない』文藝春秋刊を参照)。なぜ助けてと言わないのだろうか。彼らは「もし、助けてと言っても、『何を甘えているんだ』『なぜ、がんばらないんだ』と言われるだけ」と考えている。

なかには、「現在無職で、税金を納めていない自分が、生活保護の申請などできない」と真剣に言う者もいる。若者たちに、制度に対する理解がないことも問題だ。そもそも「生存権」や「社会保障制度」に関する、根本的な理解がないのである。しかし、それよりも彼らにとって大きいのは、「自分ががんばるしかない」という強烈な意識だ。もしここで弱音を吐くと、負け組になる。(実際には、すでにそのように言われる状態であるのだが。)そのことを恐れている。「助けて」と言えない。それが、困窮青年の特徴である。

2 自己責任論社会

なぜ、彼らは助けてと言えないのか。それは、現在の社会が「自己責任論社会」であるからだ。自己責任論社会とは、困窮状態に陥ったその原因も、またそこから脱することも、すべては本人次第、本人の責任であるという考え方である。現在の社会は、この自己責任論に席巻された感がある。

しかし、自己責任が徹底される時、その結末にあるのは「社会の崩壊」である。なぜか。人類は、数千年に及ぶ歴史の中で、様々な叡智《えいち》というものを得た。科学文明しかり。しかし、私は人類の叡智の中で最高のもののひとつが、「人はひとりでは生きていけない、という事実を知ったこと」にあると考えている。ひとりでは生きていけない私たちは、あらゆる場面で他人の存在を必要とした。食べる時、住む時、働く時、時々に家族をはじめ、だれかの助けを必要とする。そして、この他人の存在をひとつの仕組みにしたものを「社会」と名づけた。

しかし自己責任論社会は、他人の存在を認めない。全部自分ひとりでやれ、というのが自己責任論社会であるからだ。最終的に自己責任論が徹底されると、他者の存在は否定され、同時に社会は崩壊することになる。しかし、それでは私たちは、生きてはいけないのだ。

子どもの教育のことを例にあげて考えてみる。自己責任論的に考えるなら、幼いころから子どもには、「勉強すればこうなるよ」、「しないとああなるよ」と徹底して教え込むことになる。しかし、これではうまくいかない。自分で勉強することは悪いことではないが、自分で勉強することと、ひとりで勉強することは違う。

子どもがひとりで勉強をしない場合、次に日本の社会が求めるのは、「身内の責任論」である。じつは、家族主義の傾向が強い日本社会において、この「身内の責任論」のほうが自己責任論よりも強烈で、しかも問題であったようにさえ思っている。

ホームレス支援の現場で、しばしば野宿者が救急車で病院に搬送される。医師から重篤であることを聞かされ、すぐに身内を捜せとの指示を受けて身内を捜す。やっと捜しあてた身内から、「そんな奴の顔は見たくない。そちらで処分してくれ」と言われる。二十五歳でこの活動を始めた私は、このような身内の反応に大きな衝撃を受けた。「なんと冷たい家族であろうか」と思った。

しかし、二十年の活動の中でいろいろな現実を知らされることもある。救急搬送された本人にも大きな問題があり、家族はそれにくり返し振り回されてきたという現実が見えてくる。本人の責任は当然ある。しかし、それでも最期なのだから、身内は知らないではすまないのではないか。けれども、そこには傷つき、疲れ果てた身内の姿があったのだ。

身内の責任論社会は、問題を抱える人の面倒は家族が見ろ、という前提に立っている。

そして、一旦家族の中に入ると周囲は手を出さないという、暗黙のルールが働く。

こんな場面を想像してみよう。地域に奥田さんという有名な家がある。なぜ有名かというと、長男のトモシが若いころからトラブルばかりを起こして、しばしば家族を泣かせていたからだ。そのトモシが帰っているらしいという、うわさが流れる。道行く人が立ち止まり、うわさ話をしている。

「奥田さんのところの長男さん、帰ってきているそうよ。」

「あの人もう五十歳でしょう。仕事もせずに、なにをやっているのかねえ。」

「八十歳を超えたお父さんも大変ね。」

「じゃあ、さようなら。」

これが、日本の地域社会の風景であった。

うわさ程度ではあるが、問題の所在を地域は確認しているのだ。じつは、この情報はたいへん重要であるのだが、うまく活用できないのが地域の実態。なぜなら、「それは身内の責任だ」と考える地域社会は、「大変だ」とは知りつつも、だれも関わらないからだ。その中で身内は崩壊していく。自己責任か、身内の責任か。この二者択一にとどまる日本社会は、赤の他人の介入というものがそもそも弱い社会であった。そこに、身内を支える仕組みが社会にないということが問題なのだ。

子どもの教育に話を戻す。親の責任で教育をやろうと努力する。しかし、これもまたうまくいかない。

私のような親でも、ときどき子どもの勉強が気になり、「勉強しなさい」と迫ることがある。息子は嫌々だがノートを広げ、漢字を書きだす。一行ずつ、漢字と読みが書かれていく。横に座り監視していると、息子は「行く」という字を書こうとしていた。見ると、まず最初に「ギョウニンベン」が一列書かれる。その後、彼は「つくり」を書くのだ。

「おい、おい、そんな工場の流れ作業みたいな勉強、いかんやろう」と叱る。しばらくして、再びノートをのぞきこむと、今度は「秋」という字を書こうとしている。見ると、「ノギヘン」がやはり並んでいる。これを二回もくり返されると、親は怒鳴りだす。「お父さんの言うことが、わからんのかっ!!」と机を叩かんばかりだ。

もちろん私は、息子のことを愛している。それは間違いない。大好きなのだ。聖書の教えで言えば、「愛することは、赦すこと」となる。しかし、親子というのは特別な関係というか、近すぎるというか。「愛してる」が、「赦せない」ということになってしまう。これは、本当に不思議なのだが、事実なのだ。

私は時折、子育て中の母親たちに呼ばれて、講演することがある。「みなさん、お子さん可愛いでしょう」と言うと、多くの母親がうなずく。「お子さんのこと愛していますね」というと、皆大きくうなずかれる。しかし、「ときどき、お子さんのこと叩いたりしていませんか」と切り出すと、何人かが下を向く。「愛しているのに叩いてしまう。本当に苦しいね。なんでやろうね」と言うと、涙を浮かべている人さえいる。「なぜ、愛しているのに叩いてしまうんだろうね。なぜだと思います。それはね、愛しているからですよ」と言うと、皆の顔が上がった。

基本的に、親子の愛ということ自体にはあまり大きな問題はないのだろう。たしかに、中には幼少期の虐待経験などを持つ親もおり、専門的なケアを必要とする場合があるのも事実だ。けれども多くの場合、問題は、子育てを自己責任や身内の責任論にとどめていっているという点にある。他人の介入する余地があまりにもない。結果、愛しているはずの子どもに対して、「赦せない」という強い感情を抱かせることとなる。そこには他者の介入というものがない。そこに問題の本質がある。

自己責任論の構造は、ある人に関する責任を、ある一定の範囲に押しとどめて理解するというものである。自己責任、あるいは身内の責任は、自分自身、あるいは家族という一定の範囲に責任を押しとどめた。その結果、周囲は無責任を装えたのだ。「自己責任論」は、社会の無責任を肯定するための理屈だった。

自己責任論的な構造は、日本社会においては以前からあったと思う。しかし、当時成長を続ける社会というものが前提として存在していたゆえに、がんばればチャンスを手に入れられるという時代でもあった。すなわち、個人のがんばりが効く時代であった。自己責任という言葉は、教育的な面も含め、ある程度の意味があったのだ。

しかし、現在のような低成長期において、企業社会や家族的経営と呼ばれたものは崩壊し、終身雇用制は原則ではなくなった。公の行う社会保障も先細るなかで、自己責任は「励まし」ではなく、人を分断、排除するための用語となった。

二〇〇三年アメリカは、フランスをはじめ、多くの国の反対を押し切ってイラクに対して戦争を始めた。このこと自体、国際法違反であったが、日本は自国の憲法にも反して自衛隊を派兵した。イラク国内では抵抗勢力の動きが活発化し、しばしば外国人が誘拐されるという事態が起こった。日本人で最初に誘拐されたのは、北海道からイラクに人道支援に来ていた女性とジャーナリストであった。彼らは幸いにもその後、解放された。この事件が起こった時、日本のマスコミや、また政府関係者の中から、「自己責任だ」という声が一斉に上がった。

　たしかに、政府としてどのような対応ができたかは、相当困難であったと思う。しかし、総理大臣をはじめ、政府関係者はいわば、言ってはいけない一言を言ったのだ。社会（赤の他人が関わるしくみ）というものの代表的存在であるべき政府が、「自己責任だ」と言い放つならば、いったい何のための政府なのか。何のための国なのか。政府が国民に対して「自分でやれ」と言うだけならば、政府や国は、自ら存在意義を否定していることにならないか。

　このようなことを言うと、「では、自己責任はないというのか」という問いがすぐさま返ってくる。私は、「自己責任はある」と思っている。先のイラクの一件も、またホームレス状態になった人々においても、自己責任は当然ある。しかし問題は、自己責任を果たしたくとも果たせない、という現実にあるのだ。「だれが悪いか」式に、犯人捜しでもするかのように、「自己責任」を追及しても始まらない。そうではなく、本当の意味で自己責任を果たすために、じつは周囲の支援、あるべき社会保障などが、きちんと果たされていることが、前提とならねばならないのだ。

ホームレス状態の人を考えてみよう。住居さえない人に対して、「自己責任だからハローワークに行って働け」といくら言ってみても始まらない。登録する住所すらない者が、どのようにしてハローワークを利用できるのだろうか。ならば社会の側が、「住居は準備しよう。風呂にも入ってください。ごはんも食べてください」と支援したうえで、「これでハローワークに行かないのなら、それはあなたの責任だ」と言っていく。（そもそもハローワークに仕事があるかは、また別問題だが。）

北九州では、そんなふうに支援してきた。すでに千二百人が自立を果たされた。これはある意味、「自己責任を果たせるための支援」と言っていいだろう。人生の選択が自分自身でできること、さらに選択したことに責任を持つことは、人間の尊厳にとって欠くべからざることだ。「自己責任を果たせるための社会的責任を！」社会が責任を果たすことで、自己責任を果たすことができる。そうして個人は社会の一員となる。それが社会と個人の関係だ。

自己責任論は、社会というものを崩壊させ、いわば、他人同士が支え合うということを否定した。私たちは分断されてしまった。自己責任論社会は、「だれも助けてくれない」という認識を、特に若者たちに植えつけた。そして、路上の青年たちは「助けて」とは言わなくなった。

ホームレス支援において重要なのは、「ハウスレス」と「ホームレス」という、二つの困窮という視点である。ハウスレスは家に象徴される、食糧、衣料、医療、職などあらゆる物理的困窮を示す。もうひとつは、ホームレス。それは、家族に象徴されてきた関係を失っている、すなわち関係的困窮を言う。税制と社会保障の一体的改革は、ハウスレス問題にとって重要な課題である。経済の動向がこの先どのようになるのか。労働者の権利をどのように守るのかなど、課題は山積である。しかし一方で、たとえ食べられるようになったとしても、だれと食べるのかという問題は、さらに重要な事柄なのだ。

この視点に立ち、野宿者支援をしてきた私たちが考え続けたことは、この人には今何が必要か、ということとともに、この人に今だれが必要か、ということであった。そして今日、このホームレス問題は、野宿状態という物理的困窮の有無にかかわらず、多くの人々が抱えている問題となっている。

「無縁社会」や「孤族」の時代は、ホームレス問題がもはや路上の問題ではないことを明示している。このホームレス化を促進したもの、その最大の要因が「自己責任論」であったと思っている。

3　助けてと言えた日

二年ほど前、小中学生向けにホームレス支援のためのセミナーを開催したことがあった。様々なプログラムが準備された。一日を締めくくるプログラムとして、野宿経験のある方から体験談を聞くという時間をとった。話してくれたのは六十代の方で、現在はＮＰＯが運営する施設の職員をしている。彼は、子どもたちにこう語りかけた。

「おじさんは、六十歳まで建築会社の寮で暮らしていましたが、ある日、社長さんからもう雇えないから出て行きなさい、と言われました。仕事はできる、という自信がありました。自分でがんばるしかないと思っていましたから、いろいろな会社を回りました。けれども、どこも雇ってくれませんでした。お金もなくなり、どうしようもなくなりました。自分の始末は、自分でつけようと思い、山に登って死のうとしましたが、死ぬこともできませんでした。町に戻ってホームレス状態になりました。そんな状態が続いたある日、体が悪くなって倒れました。だれかが救急車を呼んでくれたようで、目が覚めた時は病院のベッドでした。そうしたらね、看護師さんは親切で、お医者さんも親身になってくれました。役所の人も来てくれて、ボランティアの人も来てくれたんです。おじさんは、自分でがんばるしかないと思ってきましたが、この世の中には助けてくれる人がいたんだよ。『助けて』と言えた日が、助かった日だったんだよ。」

十数名の子どもたちは、静まり返って聞いていた。私は司会だったので、「学校でしんどいことがあったら、『助けて』と言っていいんだよ。『助けて』と言ったら、『何を甘えているんだ』と言う人もいるかもしれない。しかし、『うちにおいで』と言ってくれる人も必ずいるよ。ともかく助けてと言いなさい」と語りかけると、涙を浮かべている子どもがいた。子どもたちもまた、「助けて」と言えない、いわばホームレス状態に置かれているのだ。

だれが子どもをここまで追い込んだのか。それは、私を含めた大人たちだ。大人たちが「助けて」と言わなくなったら、子どもたちが「助けて」と言わなく、いや、言えなくなったのだ。それでいいのだろうか。

私だけの問題だと思うが、牧師というのは、じつに歪んだ職業だと思っている。人の話は三時間でも聞くが、自分の悩みは三分も話さない。牧師の力量とは何かと問うと、多くの人は、「人を支える技術」と考えるだろう。それは間違いではない。しかし問題は、「愛する技術」だけに長けている人間は、「歪む」ということだ。「愛する技術」と「愛される技術」は、一体のものである。どちらか一方ということはあり得ない。助けてを聞くことと、助けてと言えることは、常に一体であるべきなのだ。

かく言う私も「助けて」と言えなかった。

我が家の長男は、中学入学後すぐに、様子がおかしくなった。親が気づいたときは、すでにイジメが進んでいた。一年生の一学期から始まった不登校は、二年生になっても続いた。二学期が始まり、一時学校に復帰したが、その後、事態はさらに深刻さを増していった。秋ごろには、「死にたい」とまで口にするようになった。

追いつめられた息子が選んだ道は、沖縄の八重山《やえやま》諸島の鳩間島《はとまじま》という孤島にある中学校への転校であった。鳩間島は周囲四キロ、島民五十人ほどの島である。病院も警察もない。そんな島に、竹富町立の鳩間島小中学校はあった。十二月に母親が付き添い見学に、一月には私が体験入学に付き添った。そして、二月初旬、息子は単身鳩間島へと旅立った。

事情を抱えた親子が来ていることは、すぐに島内に伝わり、仲宗根さんというご夫妻が私たちを家へと招いてくださった。「あなたたちは、なぜこの島に来たのかね。」私は、この二年ほどの間に、息子に起こったことを話しだした。すると仲宗根さんが、「それは大変だったね。だったら島に来たらいいさ」と言ってくださった。私は「助けてくださいませんか」と頭を下げた。涙があふれた。

しかし、私の心の中には、じつはもうひとつの言葉が突き刺すように聞こえていた。「自己責任・親の責任」である。「お前は、初めてやって来た島で、初めて会った他人に息子を押しつけようとしている。それでも親か。親としての責任は、どうするのだ。お前は、親としての責任を放棄しているのではないか。」

もし、私があの日「自己責任論」に立ち、息子を北九州に連れて帰っていたとしたら、息子は死んでいたかもしれない。

その後息子は、一年と数か月をサンゴ礁の島で過ごし、無事に島の学校を卒業した。

今は、島根県にあるキリスト教愛真高校の三年生となっている。

「助けてくれる人はいたんだよ。『助けて』と言えた日が、助かった日だったよ」は、真実である。

4 嘲弄《ちょうろう》教会

現場で聖書を読んできた。「無縁社会」と言われる今日に、教会が果たすべき役割を聖書から考えてみたい。

最初は、「嘲弄《ちょうろう》される教会」だ。嘲弄とは、「馬鹿にしてなぶること、嘲《あざけ》りをもてあそぶこと、馬鹿にして笑うこと」。聖書にはイエスの十字架の場面で、祭司長や律法学者たちがイエスを嘲弄したことが記録されている。

なぜ、イエスは「嘲弄された」のか。

マタイの福音書にはこんな記事がある。


「イエス・キリストの誕生は次のようであった。その母マリヤはヨセフの妻と決まっていたが、ふたりがまだいっしょにならないうちに、聖霊によって身重になったことがわかった」（一・一八）。

自分の婚約者に子どもができたが、自分には身に覚えがない。本人も「知らない」と言っている。「聖霊によって」と言われても、納得できるものではないだろう。夫になる予定のヨセフは、どうしたか。

「夫ヨセフは正しい人であったので、マリアのことを表ざたにするのを望まず、ひそかに縁を切ろうと決心した」（同一九節、新共同訳）。

当時の婚姻制度は、婚約中であっても婚姻関係と同等の責任が生じる。もし、夫以外の男性と関係を持つと、姦淫罪となり処刑される。「優しいヨセフは、マリアのために身を引こうとした」という読み方もできる。すなわち、婚約を解消することで、姦淫罪を回避させようとしたのだ。

しかし、ホームレス支援をしてきた者として、「そうかな？」と思う。ヨセフは、「ひそかに縁を切ろうとした」。嫌な言葉だ。ホームレス支援は、「縁切り」「無縁」との闘いであるからだ。支援の中で、時には逆上されたり、恨まれたりもする。それでも、縁を切らないと踏ん張る。「ひそかに縁を切ろうとした」は、そんな私たちにとって、心に突き刺さる言葉なのだ。

ヨセフは縁切りを図り、「自分は関係ない」と言おうとする。なぜ、そうなるのか。困難な問題を抱えている人と出会ったときに、私たちは逃げ出したくなるからだ。関わると時間も取られ、何よりも煩わしいからだ。「関係ない」、あるいは「それは自己責任だ」と宣言することで手を切れる。ホームレス状態の人々は、そんなふうに社会的に排除されてきた。

「縁切り」というのは、常にもっともらしい理由、つまり「正しい」理由によってなされる。「『情けは人のためならず』というだろう。甘やかすのではなく放っておいたほうがいい」などと、しばしば言われる。これは、「ことわざ」自体の意味を間違って理解しているのであるが、その間違った解釈そのものが、現代の自己責任社会を象徴しているように思う。「情けをかけるというのはその人のためではなく、自分にいずれ返ってくるものと思え」という、本来の意味を逸脱させる力が社会の中に働いている。それが自己責任論社会というものだ。

ヨセフが「縁を切ろうとした」理由について、「正しい人であったので」と聖書は言う。「正しい人」とは、いったい何者であろうか。「正しい人」が縁を切る。「自分は正しい」と言っている人が戦争をする。「正しさ」と「正論」、あるいは「正戦」を私たちは、懐疑をもって検証すべきなのだ。ヨセフは正しく判断し、自分だけ逃げようと思ったのではないか。

その後、自体は急展開する。「縁切り」を望んだヨセフに神の使いが望む。

「彼がこのことを思い巡らしていたとき、主の使いが夢に現れて言った。『ダビデの子ヨセフ。恐れないであなたの妻マリヤを迎えなさい』」(同二〇節)。

「ヨセフ逃げてはならない。縁を切ってはならない」と神は夢で迫った。

さらに天使は言う。

「『その胎に宿っているものは聖霊によるのです。マリヤは男の子を産みます。その名をイエスとつけなさい。』……ヨセフは眠りからさめ、主の使いに命じられたとおりにして、その妻を迎え入れた」（同二〇〜二一、二四節）。

「処女降誕」は、クリスマスにおける奇蹟だろう。しかし、ホームレス支援をやっている者からすれば、この「迎え入れ」はさらなる奇蹟だと言える。ヨセフは、「関係ない」と言い逃れることが十分できた。事実、妊娠についてヨセフは関わっていない。世間が認める正しさは、十分にあった。「縁切り」。そこが、賢いやり方だった。しかしヨセフは、天使に励まされ引き受けたのだ。やはり奇蹟だ。

マタイの福音書のクリスマス物語は、縁切りへと向かう弱さを持った人間が、神の言葉によってもう一度、「関係・絆」へと戻されていく物語である。「無縁から関係へ」、「ホームレスからホームへ」。このようなテーマが、クリスマスの中にはある。

天の使いは言う。

「このすべての出来事は、主が預言者を通して言われた事が成就するためであった。『見よ、処女がみごもっている。そして男の子を産む。その名はインマヌエルと呼ばれる』（訳すと、神は私たちとともにおられる、という意味である）」（同二二〜二三節）。

救い主の別称は、「インマヌエル（神共にいます）」であった。救い主は、共にいる神として誕生した。「共にいる」は、救いの出来事なのだ。

ただ、このヨセフの奇蹟の決断は、世間的には物笑いの種となったことは想像に難くない。ヨセフは皆から嘲弄される。「あいつ馬鹿か。だれの子かわからないのに引きとって」と。しかし、神は「嘲弄されていいじゃないか。縁を切るなよ」と励まされる。

「嘲弄」とは何であったか。嘲り笑うこと。馬鹿にして笑うこと。マルコの福音書は、十字架のイエスに対して、「祭司長たちも同じように、律法学者たちと一緒になって、かわるがわる嘲弄して言った」（一五・三一、口語訳）と証言する。十字架のイエスを嘲り、馬鹿にして、なぶって、彼らは笑いものにする。

なぜ、イエスは嘲弄されるのか。「他人は救ったが、自分は救えない」からだ（同三一節）。皮肉なことであるが、イエスを殺した人たちでさえ、イエスが何であったかを理解していた。「自分ではなく、他人を救うイエス」。

しかし問題は、それに対する評価であった。彼らは、それゆえに、馬鹿だと笑うのだ。「自分のことを差し置いて、他人のために十字架にかかるなんてアホか」といって、嘲弄するのだ。イエスによって示された神とは、嘲弄される神であった。

自己責任論の時代に、教会が新たな「ホーム」を作ろうとするならば、嘲弄は覚悟せねばならない。「立派な教会ですね」と言われることも素敵だ。しかし、「この教会の人はみんなアホやね。一生懸命何であんなことやってるんだろうね」と言われると、少しイエスに近づいた気がする。イエスの十字架は、嘲弄の十字架。イエスは嘲弄される神。今日、教会が十字架のキリストの教会であり続けるならば、栄光ではなく嘲弄されることに甘んじなければならない。

5　自分の十字架

最後に「自分の十字架を負う教会」。冒頭のマルコの福音書八章三四～三五節のイエスの言葉に注目したい。

「それから、イエスは群衆を弟子たちといっしょに呼び寄せて、彼らに言われた。『だれでもわたしについて来たいと思うなら、自分を捨て、自分の十字架を負い、そしてわたしについて来なさい。いのちを救おうと思う者はそれを失い、わたしと福音とのためにいのちを失う者はそれを救うのです。』」

「自分を捨てろ」と言うイエスが、「自分の十字架を負い、従え」と言う。自分を捨てたにもかかわらず、自分の十字架は負う。矛盾ではないか。

自分の十字架とは何であるのか。十字架とは、罪のさばき、もしくは罪責を意味している。となると、自分の罪とそのさばきは、自分で負えということか。ならば、直前の「自分を捨てろ」は、どうなるのか。

「自分を捨て」という時の「捨てる」は、「否定する」という言葉である。自分自身を否定するとはどういうことか。これは、「自分というものを一切無にする」という境地に至るということではない。そんなことはできない。問題は、自分だけの世界にとどまっているというあり方ではないかと思う。「自分」という枠組みの中で完結され、肯定される。希望も絶望も自分次第になっていく。自問自答の世界だ。

そんな私たちに、イエスは「自分を捨てろ」と迫る。それは、自分という枠組みの中だけにとどまり、ある時には納得し、ある時には満足し、ある時には絶望する。「私の計画ではこんなはずではなかった」とつぶやく私に、「自分という枠組みの中だけで考えるな。神のことを思え、神様との関係の中で生きよ。そして他者と出会え」ということだったのではないか。

人が自分という枠組みの中から一歩踏み出すのは、だれかと出会う瞬間だ。人との関係に身を置き、自分のことだけではなく、他人との出会いの中で生きる。結果、喜びが増す。しかし、同時に苦しみも増す。いや、苦しみのほうが大きいかもしれない。この苦しみから逃れるために、私たちは「自己責任」と言い切り、人との出会いを回避した。

それではいけないとイエスは言う。「自分だけで生きるということを否定せよ。自分だけということを捨てよ。だれかのために生きよ」と。それが「自分を捨てよ」であり、「自分の十字架を負え」ということだと思う。

私たちが、だれかと共に生きようとする時、私の負うべき十字架は増え、重荷は増す。そんな私たちにイエスは言う。「いのちを救おうと思う者はそれを失い、わたしと福音とのためにいのちを失う者はそれを救うのです。」私たちは、そこでいのちを見いだす。

イエス・キリストとは、だれであったか。「自分の十字架を負う」を理解するカギはそこにある。イエスは、私のために生まれ、私の十字架を負ってくださった方。イエス・キリストの十字架は、イエスご自身の罪のさばきの十字架ではなかった。イエス・

キリストの十字架は、イエスにとって他人の罪、すなわち私の罪のためのものであった。

ナチスに対する抵抗運動に身を投じ、処刑された牧師ボンヘッファーは、『現代キリスト教倫理』の中で、罪を引き受けることについて言及している。

「責任ある行動の構造は、罪を引き受ける用意と自由を含むことによって成り立つことが分かる。……イエスが、すべての人間の罪を御自身に負い給うたゆえに、すべての責任ある行動者は、他の罪を負う者となる。罪の責任から逃れようとする者は、人間存在の究極の現実から離れ、しかしまた同時に、罪なきイエス・キリストが、罪ある人間の罪を負い給うという救いの秘儀を離れ、この出来事の上に示されている神の義認とは全く何の関わりをも持たないことになる。」

（新教出版社、二七二〜二七三頁）

十字架のイエス・キリストにおいて示された救いの秘儀とは、「他者の罪を引き受ける」ということであった。ゆえに、イエス・キリストにおける「自分の十字架」は、すなわち間違いなく、他者のためのものであった。となると、私にとっての「自分の十字架」もそのようなものになるのではないか、というのである。

私たちは、勇気をもって、この信仰の道を歩みたい。人間存在の究極の現実に生きるのだ。自分という枠組みだけで生きることをしない。自分を捨て、他者と出会う。共に生きる中で、自分の負うべき十字架を担う。それは、すなわち自分が負うべき他者の十字架、あるいは重荷である。人が出会い、共に生きるとは、互いに相手の十字架を負い合うということにおいてのみ成立する。それは、イエス・キリストが私の十字架を担われることによって、私と出会い、私を生かしてくださったからだ。

「自分の十字架を負う教会」とは、その教会に与えられた他者の十字架を苦しみつつも担い、他者も、また自分のいのちをも見いだす教会にほかならない。

無縁の闇は深まっている。しかし、私たちは十字架のイエスにこそ、希望を見いだす。それは傷つき、血を流す者こそが、救い主であったという事実を私たちに知らしめる。絆はきず（傷）を含む。教会は、主イエス・キリストに従いつつ、健全に傷つくのだ。復活のいのちの備えを信じて。

荒野の食事——希望としての残されたパン

イエスは彼らに言われた。「パンはどれぐらいありますか。行って見て来なさい。」彼らは確かめて言った。「五つです。それと魚が二匹です。」……イエスは、五つのパンと二匹の魚を取り、天を見上げて祝福を求め、パンを裂き、人々に配るように弟子たちに与えられた。また、二匹の魚もみなに分けられた。人々はみな、食べて満腹した。そして、パン切れを十二のかごにいっぱい取り集め、魚の残りも取り集めた。パンを食べたのは、男が五千人であった。

（マルコ六・三八〜四四）

イエスは尋ねられた。「パンはどれぐらいありますか。」弟子たちは、「七つです」と答えた。すると、イエスは……七つのパンを取り、感謝をささげてからそれを裂き、……魚が少しばかりあったので、そのために感謝をささげてから、これも配るように言われた。人々は食べて満腹した。そして余りのパン切れを七つのかごに取り集めた。人々はおよそ四千人であった。（同八・五〜九）

1　二つの食事の奇蹟

マルコの福音書には、荒野での食事の記事が二回登場する。どちらの記事も、自分を慕ってついてきた群衆が空腹であることを知ったイエスが、荒野で奇蹟を起こし、食べ物を人々に配ったという話だ。六章の記事では男だけでも五千人、八章では四千人の人々が食べて満腹したと記されている。

私は不思議に思う。なぜ、これだけ近い位置（六章と八章）に同じような話が二度登場するのか。他の奇蹟の記事やたとえ話で、同じ福音書の中に繰り返されることはほとんどない。「一つの出来事に対する二つの異なった伝承が存在した」という考え方もあるだろうが、私にはそう思えない。

そもそも、荒野の食事の奇蹟が一回限りであったと考える必要はないと思う。イエスはあちこちで、このような食事の奇蹟をなされたのではないだろうか。記録した側も、この奇蹟の意味があまりにも重要だと考えたので、重複覚悟で繰り返し描いたのではないか。私にはそのように思えるのだ。

主イエスの荒野での食事の奇蹟は、私たちに何を伝えようとしているのだろうか。第一に、給食の奇蹟は、当時食べることのできなかった人々に対する「助け」であっただろう。イエスは、飢えの問題を見過ごしにはなさらないのだ。主イエス・キリストの救いは決して精神的、観念的な事柄、すなわち「心の平安」にとどまっていない。現実的で具体的な行為だった。「主の祈り」にある「日用の糧」は、まさに「食べる」問題そのものだ。今日の教会が自らの役割を「心の領域」にとどめるのなら、この奇蹟の意味は半減するだろう。

第二に、「だれがそこにいたか」という問題である。つまり、「だれと食べたか」ということだ。イエスの周囲に集まっていた人々が、どのような人たちであったのかを考えたいと思う。病人、罪人とされた人々、職のない人、家のない人、そのような寄るべなき人々が多数いたはずだ。「男五千人」という記載自体差別的だと思うが、ここに女性や子どもたちも多数いたことは容易に想像がつく。

しかし、この表現（「男だけ」）からも明らかなような、差別と分断の時代にあって、この荒野の食事、あるいは荒野の共食《きょうしょく》には大きな意味があったと思う。主イエスが、そこにいたすべての人々と一緒に食事をされたこと自体が、大事件であったのだ。福音書の記者は、だから繰り返し記録したのだと思う。

2　手を洗わない弟子たち

当時のユダヤ社会は、「一緒に食べることができない」という問題を抱えていたようだ。聖書の中に、イエスの弟子が手を洗わないことが問題となる場面がある。当時は、食前に手を洗うことが重要なおきて（律法）であったからだ。イエスの弟子たちが食事の際に手を洗わなかったので、当時の指導者たちが厳しくイエスと弟子たちを批判したという記事が、実は七章にある。つまり、六章の奇蹟と八章の奇蹟の間に挟まれて登場するのだ。

「パリサイ人と律法学者たちは、イエスに尋ねた。『なぜ、あなたの弟子たちは、昔の人たちの言い伝えに従って歩まないで、汚れた手でパンを食べるのですか』」（マルコ七・五）。

この批判に対してイエスは、次のように応えられた。

「みな、わたしの言うことを聞いて、悟るようになりなさい。外側から人に入って、人を汚すことのできる物は何もありません。人から出て来るものが、人を汚すものなのです」（同一四〜一五節）。

イエスが問題にされたのは、「人から出て来るもの」、つまり人のあり方そのものであった。

なぜパリサイ人や律法学者は、食前の手洗いにそれほど熱心だったのだろうか。これは決して「衛生上の問題」ではない。彼らが固執していたのは、「汚《けが》れ」の問題だった。だから、イエスはこの箇所で、「人を汚す」ものについて言及しておられるのだ。

食事の前に手を洗うのは、汚れた者たちとの関わりを断つという証しだった。手にとどまらず、「市場から帰ったときには、身を清める」ことにさえなった。外出の際、また市場で不特定多数の人々と接するということは、これらの人々と接した可能性があるわけだから、とにかく手を洗い、身を清めることが求められたのだ。それをすることによって、「汚れと自分は無関係である」、「自分は清い」ということを証明したのである。手洗いは「縁切り」、「絶縁」のしるしだった。病人、「障がい」者、異邦人などは、「汚れた者」「罪人」として社会的に排除されていた。

しかし、イエスの弟子たちは、この「人を分断する手洗い」を拒否したのだ。「俺たちは決して洗わない」と宣言したのである。それは、「縁を切らない」という宣言だった。手を洗わないで食事に臨むこと、それは排除され、蔑まれた人々と共に生きる姿勢そのものだった。それこそが、主イエスの示された「福音」だった。

3 カナの婚礼

ヨハネの福音書二章には、イエスが招かれた婚礼の席で、なくなったぶどう酒の代わりに水がめの水をぶどう酒に変えたという「カナの婚礼」と呼ばれる記事がある（一〜一一節）。

「イエスも、また弟子たちも、その婚礼に招かれた。ぶどう酒がなくなったとき、母がイエスに向かって『ぶどう酒がありません』と言った。……さて、そこには、ユダヤ人のきよめのしきたりによって、それぞれ八十リットルから百二十リットル入りの石の水がめが六つ置いてあった。イエスは彼らに言われた。『水がめに水を満たしなさい。……そして宴会の世話役のところに持って行きなさい。』彼らは持って行った。宴会の世話役はぶどう酒になったその水を味わってみた。……イエスはこのことを最初のしるしとしてガリラヤのカナで行い、ご自分の栄光を現された。」

水をぶどう酒に変化させたという自然奇蹟だろうか。それも「すごいこと」である。一方で、この婚礼の席においても「けがれと清め」の問題があったのは明らかである。記事の中に、「そこには、ユダヤ人のきよめのしきたりによって、それぞれ八十リットルから百二十リットル入りの石の水がめが六つ置いてあった」と記されている（六節）。単なる水がめではない。「ユダヤ人のきよめのしきたり」による水がめであった。婚礼に来た人々は入口でこの水で手を洗い、身をきよめて婚礼会場に入った。それは、けがれているとされた人々、罪人とされた人々と縁を切るための「きよめの水」だった。

しかしイエスは、この水がめの水をぶどう酒に変えて飲んでしまう。それは、「もう人を隔てるものなどない。和解の主、神の国が到来したのだ」というイエスの宣言であった。「天の父は、悪い人にも良い人にも太陽を上らせ、正しい人にも正しくない人にも雨を降らせてくださるからです」(マタイ五・四五)。イエスの言葉は成就したのだ。

これこそが、主イエスが現された「栄光」なのだ。それを信じた弟子たち自身も、「もう手は洗わない。人を差別しない。分断しない」と表明できたのである。

4　荒野の食事

このように考えると、荒野において不特定多数の人々、特に病人や「罪人」と言われていた人々と共に食事をすることは、たいへんなおきて破り――律法違反であったはずだ。マルコの福音書六章と八章に登場する荒野の給食の奇蹟は、このおきて破りの食事をイエスが繰り返しなさったことを示している。それは、「汚れた者」として排除され、見下されてきた人々の尊厳と交わりを取り戻す食事であった。

その日、何日かぶりの食物を口にした人がいた。彼らは飢えていた。一方で、その日何年ぶりにだれかと一緒に食事をすることができた人がいた。彼らは「共に」食べることと、交わりに飢え渇いていたのだ。

そんな彼らが、まわってきたパンをちぎり、次の人へとまわした。イエスの給食の奇蹟は、腹を満たす食事であったと同時に、人を満たす食事としてなされたのだ。失われた人と人の関係と尊厳が取り戻され、新たな「主にある交わり――解放の交わり」が築かれた、それが荒野の食事だった。わずかなパンが大勢に配られるという奇蹟である以上に、荒野、すなわち「きよめのしきたりのための水のない場所」で、一同がわけ隔てなく、共に食事にあずかった、という意味でこれは奇蹟だった。この重要さを伝えるために、マルコの福音書は六章と八章に連続して、しかも、七章の手を洗わないという弟子のあり方を挟み込む形で記録したのだ。「荒野の給食」は、それほど重大な事件であったのだと思う。

5　十字架への道

このような荒野の食事がおきて破りのものであったゆえに、イエスは厳しい批判にさらされることになる。マタイの福音書に以下の記述がある。

「人の子が来て食べたり飲んだりしていると、『あれ見よ。食いしんぼうの大酒飲み、取税人や罪人の仲間だ』と言います」（一一・一九）。

飲み食いがこれほどまでに強烈な批判の対象となるのは、それが律法に違反する行為であったからだ。皮肉なことに、批判する人々自身が主イエスの食事の本質を的確に言い当てている。「罪人の仲間だ」は、イエスの食事が何を意味していたのかを示した言葉である。イエスは「罪人」を訪ね、自ら「罪人」となった救い主だ。「罪人」とは捨てられた人々のことで、周囲から汚れた者として縁を切られた人々である。そのような「排斥された人々＝罪人を生み出す社会」に対して、イエスはおきて破りの食事を繰り返される。そのうちのいくつかが聖書に記されたのだ。それが六章であり、八章の荒野の食事の記事である。

しかし、この荒野の食事は、おきて破りであったゆえに、イエスにとって十字架への道となった。ユダヤ教の指導者たちは、このようなイエスのふるまいを赦さなかった。自らを十字架へと渡してでも、イエスは和解の食卓を荒野に準備されたのだ。

6　余ったパン切れ

六章と八章の二つの給食の記事に共通する部分として、「余ったパン切れ」に関する記事がある。六章では「パン切れを十二のかごにいっぱい取り集め、魚の残りも取り集めた」とあり、八章では「そして余りのパン切れを七つのかごに取り集めた」と書かれている。

同じようにパンの余りを集めている場面があるが、なぜかかごの数が違っている。そもそも、荒野でどこからかごが出てきたのか不思議であり、弟子たちが常時かごを準備して旅をしていたとも思えない。また、余った量も大量で不自然な感じがする。となると、なぜ、わざわざ余ったパンのことを書かなければならなかったのか、そこには何らかのメッセージが込められていると考えざるを得ない。

最初の六章における給食の奇蹟の舞台は、ユダヤのガリラヤ地方だった。余ったかごは十二。それはイスラエル十二部族を思い起こさせるものであったと思う。イエスの荒野の食事は、イスラエル全部族のために準備されたおきて破りの食事だったにもかかわらず、あの日、あの荒野にはすべての民がそろってはいなかった。「きよめのしきたり」が彼らを分断していたのだ。余ったパン切れのかごは、イスラエル人がいつの日か分断を乗り越え、和解の主のもとに一つになる日のための備えだったと私には思える。一つのパンを分け合って食べる日が来る。十二のかごに入れられた余ったパン切れは、その日のための備えであり、希望であったのだ。

一方、二つ目の記事、八章の給食の奇蹟の舞台は異邦人の地である。この異邦人の地であることと、「七つのかご」から何を連想するか。使徒の働き六章には、七人の執事が登場する。

「そのころ、弟子たちがふえるにつれて、ギリシヤ語を使うユダヤ人たちが、ヘブル語を使うユダヤ人たちに対して苦情を申し立てた。彼らのうちのやもめたちが、毎日の配給でなおざりにされていたからである。そこで、十二使徒は弟子たち全員を呼び集めてこう言った。『私たちが神のことばをあと回しにして、食卓のことに仕えるのはよくありません。そこで、兄弟たち。あなたがたの中から、御霊と知恵とに満ちた、評判の良い人たち七人を選びなさい。私たちはその人たちをこの仕事に当たらせることにします。そして、私たちは、もっぱら祈りとみことばの奉仕に励むことにします』」（使徒六・一〜四）。

教会がユダヤの世界からギリシャ・ローマの世界に広がっていく過程において、教会も様々な問題を抱えていた。それを解決するために、使徒たちは七人の執事を立てたのだ。この際選ばれた七人は、ステパノをはじめ、いずれもギリシャ語を話す人たちであった。ギリシャ語を話すこのユダヤ人の執事たちが、異邦人伝道の担い手となった。だから「七つのかごのパン切れ」は、異邦人世界のために残されたと私には思える。異邦人の土地で行われた荒野の給食と、余った七つのかごは、ユダヤ人と異邦人という分断、また異邦人同士の分断を乗り越えるためだったのではないか。その後、まさに異邦人伝道を担ったパウロは、このパン切れを引き継ぎ、「ユダヤ人もギリシャ人もない」と宣言したのだろう。

六章にせよ、八章にせよ、「余ったパン切れ」を入れたかごは、この日主イエスによって備えられた奇蹟の食事がその場にいた人たちのためにのみあった、というのではなく、今は食事を共にすることができないでいる人々がいずれの日か、一つの食卓に招かれ、皆で食する日が来るであろうという希望をも、私たちに示してくれているのだと思う。

7　夢の食卓

イエスの荒野の食事は、手を洗わないままの食事だった。「きよめ」をしない、すなわちだれをも汚れたものとせず、だれとも縁を切らない食事である。これは「律法違反」とされた。それでもイエスは、この荒野の食事を繰り返された。そのことが、六章、八章という連続記載に表れている。それゆえに、イエスやイエスの弟子たちは迫害を免れることはできなかった。イエスの十字架は、荒野の食事結果でもあったと言える。給食の奇蹟においてパンを裂くイエスの姿が、十字架に渡される前夜、最後の晩餐におけるイエスの姿と重なって描かれているのは、そのためであろう。

「するとイエスは、五つのパンと二匹の魚を取り、天を見上げて祝福を求め、パンを裂き、人々に配るように弟子たちに与えられた。また、二匹の魚もみなに分けられた」（マルコ六・四一）。

最後の晩餐は、このように描かれている。

「それから、みなが食事をしているとき、イエスはパンを取り、祝福して後、これを裂き、彼らに与えて言われた。『取りなさい。これはわたしのからだです』」（マルコ一四・二二）。

最後の晩餐において主イエスが示されたことは、主ご自身が自らのからだを私たちのために裂かれたということだった。主イエスは言われた。「取って食べなさい。みんなで食べなさい！」と。主イエスの食事は徹底していた。そこには、主を裏切ったユダも招かれていた。主イエスは、すべての人を招くため、特に排斥された者、この世にあっては招かれざる者を招くために、ご自身を十字架において裂き、分け与えられたのだ。まさにそれは赦しの食卓であった。

荒野の食事、最後の晩餐、そして、主イエス・キリストの十字架と復活。あれから二千年の時が流れた。あの日の「パン切れ」は、今日の私たちにとって、何を意味しているのだろうか。

かつて、マーティン・ルーサー・キング牧師はこのように宣言した。有名な「私には夢がある」の一節である。

「私は夢をみるのです。いつの日にか、ジョージアの赤土の丘の上で、かつての奴隷の息子たちとかつての奴隷の主人の息子たちがいっしょに兄弟愛というテーブルにつくことになるであろうことを。」

キング牧師は「テーブル」について語っている。原語も「デスク」ではなく、「テーブル」である。これを日本語にする際は、「机」と訳すよりも、「卓」あるは「食卓」と訳すほうがよいと思える。キング牧師の見た夢は、かつて主イエスが荒野において多くの人々と共に見た夢の続きであった。いつの日にか私たちは、共に兄弟愛という食卓につく時がくる。そのような夢の食卓が準備されている。そのためにイエスは、パンの余りをかごに入れ、無駄にせぬようにと言われたのではないだろうか。

キング牧師の暗殺から三十年余が過ぎた二〇〇九年一月、アメリカに史上初めてのアフリカ系の大統領が登場することになる。確かに、この大統領の登場さえも余ったパン切れの完全な成就とは言えないし、課題もあるだろう。しかし二千年にわたり、あの日のパン切れは確実に、私たちの中で引き継がれているのだ。

その後イエスの弟子たちは、どのような教会を目ざしたのだろうか。使徒の働き二章には、次のような記載がある。

「そして、彼らは使徒たちの教えを堅く守り、交わりをし、パンを裂き、祈りをしていた。そして、一同の心に恐れが生じ、使徒たちによって多くの不思議としるしが行われた。そして、信者となった者たちはみないっしょにいて、いっさいの物を共有にしていた。そして、資産や持ち物を売っては、それぞれの必要に応じて、みなに分配していた。そして毎日、心を一つにして宮に集まり、家でパンを裂き、喜びと真心をもって食事をともにし、神を賛美し、すべての民に好意を持たれた。主も毎日救われる人々を仲間に加えてくださった」（四二〜四七節）。

歴史的に、こうしたことがどれほど実現したか議論もあるが、初代教会は、そのようなことを目ざし、夢をもっていた。この夢を現代の教会に集う私たちも共有しているのである。

教会で食べるうどん、カレー、炊き込みご飯は、主イエスの荒野の食事、夢の食卓を受け継ぐものである。何よりも、毎月行われる主の晩餐式は、イエスのおきて破りの食卓への召しである。それは、主イエスの恵み、すなわち赦しと贖いによる食卓なのだ。

教会は、きょうもこの食卓を夢見る人々によって担われていく。困難な現実が私たちを落胆させる。しかし、私たちは夢の食卓に招かれているのだ。

ホームレスの支援の中で一番苦しい思いになるのは、野宿状態に置かれた人々に対する社会的排除が公然と行われている現実に出会う時だ。それは、教会さえも例外ではないのかもしれない。しかし、私たちには、あの余ったパン切れのかごが与えられている。これを「むだに捨てないように」すること（ヨハネ六・一二）。それが今日における宣教と教会形成の課題なのだ。教会は、イエスの夢の食卓を担い、それを実行するのである。いかなる隔ての中垣も、私たちを分断することなどできない。なぜなら、私たちは、主イエスの食卓に召されているからだ。主イエスは、この隔ての中垣を取り除くために十字架に死に、よみがえられたのだから。

私たちは、一つのからだにあずかりつつ、余ったパン切れの意味を噛みしめる。私たちは、共に食卓につくという新たなる夢へと導かれるのである。

あとがきにかえて

東日本大震災を覚えて――傷つくという恵み

「しかし、彼は、私たちのそむきの罪のために刺し通され、私たちの咎のために砕かれた。彼への懲らしめが私たちに平安をもたらし、彼の打ち傷によって、私たちはいやされた。」

イザヤ書五三章五節

二〇一一年三月一一日。大きく深い悲しみが私たちをおおった。直接傷ついた人、遠

く離れ心を痛めている人。いやすことは容易ではない。「苦難の意味がわからない。」そ
れが悲しみを一層深刻にする。「天罰」などと言ってはならない。理由がわからないか
ら苦難は受容し難いのだ。私たちは、その苦しみを分かち合えるのか。
理由なき苦難は、私たちを自責へと向かわせる。家族を助けてやれなかった悔しさ、
弔うことさえままならない現実。皆、自分を責める。時に愛は、そのような表現をとる。
だが、そうせざるを得ないのなら私も一緒に苦しみたい。自分のことだけを責めるのは
良くない。一緒に責められようと思う。一緒に傷つきたいと思う。
苦難の理由がわからずとも、私たちは苦難から学ぶことはできる。この耐えがたい苦
しみ、痛み、受けた傷から、新しいいのち、生き方を生み出すことができる。「復活は
ある。」そう宣言して生きていこう。この痛みを共有できるか、痛んだ人々に寄り添う
ことができるか。それが今問われている。

昨年末から各地で、児童養護施設等に匿名のプレゼントが贈られるという「事件」が
相次いだ。リーマンショック以来、「貧困社会・格差社会」がますます定着する中、こ
の「タイガーマスク現象」は、私たちに今一度、人の温かさを示してくれたし、「どっ

こい、この社会は捨てたものではない」という気持ちを取り戻させてくれた。

私は二十年以上、路上の方々を支援してきた。世間の冷たさ、ホームレスに対する社会的排除の現実に言葉を失うような場面もしばしばあった。しかし、一方で支援活動が二十二年も続いたのは、名もなきタイガーマスクによるところが大きかった。

ある方は、タイガーマスクに対して「匿名で一方的、独りよがりの偽善だ」と批判する。概して何もしない人がそういう批判をされることが多いが、確かに対人援助の現場に長く関わる者からすれば、相手のニーズを確かめないまま支援物資が送りつけられることで現場が混乱する懸念もある。寄付者には、その点で責任ある行動が求められる。

しかし、だからといって「タイガーマスクは不要」とは言えない。どのような「善意」だとしても、それをうまく活用できるかは、受ける側の力量と言っていいだろう。「匿名性」は、支援の場面においては重要な要素である。聖書の言葉を借りると、「施しをするとき、右の手のしていることを左の手に知られないようにしなさい」であり、善行というものは隠れてやるという倫理観がキリスト教社会には昔からあった。

日本でも「謙虚」や「謙遜」という倫理が重んじられており、タイガーマスクの「匿名性」にしても一概に否定することはできない。

しかし、その一方で、タイガーマスクの一件に「無縁社会・孤族社会」が生み出した独特の課題をも見た気がするのは私だけだろうか。「匿名」で支援物資が贈られたことは、それが名誉欲からの行為ではないことの証しだが、半面では「相手に直接出会うことを回避するため」だったようにも見えるのだ。「支援するなら個人の責任でやれ」という重圧が、この社会にはあり、困窮者に対してのみならず、助ける側にも自己責任がのしかかる。このような自己責任の呪縛を解いて、困窮者と支援者が直接的な出会いへと踏み出せる仕組みを、どう作るのか。

多くの人が「困窮者を助けたい」と思っている。しかし、「深入りするのは怖い」とも。

ホームレス支援に関する講演会に呼ばれることがある。来場された方々の顔を見ていると、どの会場も少なくない方々が「なにかしたい」という思いを持っておられる。よく出る質問は、「毎日駅でホームレスの人を見ます。何かしてあげたいという思いはあるのですが、どうしていいかわかりません。声をかけて、もし家までついてこられても困るので……、どうしたらいいでしょうか。」正直な質問だと思う。

直接出会うと傷つくことがある。裏切られ、ウソをつかれ、こちらが逃げ出すこともある。直接出会うと、「かわいそうな当事者と善意の第三者」という「美しい構図」はすぐに崩壊する。生身の人間のぶつかり合いが起こり、お互い少なからず傷つく。しかし、この傷こそが、私たちをいやすのだ。

自己責任社会は、自分たちの「安心・安全」を最優先することで、リスクを回避した。そのために「自己責任」という言葉を巧妙に用い、他者との関わりを回避し続けた。そして、私たちは安全になったが、だれかのために傷つくことをしなくなり、そして無縁化した。

長年支援の現場で確認し続けたことは、絆《きずな》には「傷《きず》」が含まれているという事実だ。ランドセルを贈ることは容易ではない。費用がかかるし、何よりも勇気がいったと思う。本当にありがたく、温かい。ただ私は「タイガーマスクじゃあ、もったいないなあ」とも思っている。タイガーマスクに申し上げたい。できるならば、あと一歩踏み込んで、あと一つ傷を増やしてみませんかと。

もし子どもが「こんなもの、いらねえ」とランドセルを蹴飛ばしたとしたら、どうだろうか。支援現場では、そのようなことがしばしば起こる（今回そんな子どもはいないと思うので、たとえ話として聞いてほしい）。「なんと不遜な子どもか」と思うだろう。

しかし、対人支援というものは、実はそこから始まる。叱ったり、一緒に泣いたり、笑ったり。なぜ、贈り物を蹴飛ばさねばならなかったのか、その子の苦しみを一緒に考え悩む。だから傷つく。それが、どんなに恵みに満ちた日々であることか。「匿名」のままでは、この恵みにはあずかれない。タイガーマスクにおける匿名性は、倫理的な積極面とともに自己責任論の重圧、もしくは傷つくことから逃れるための回避的な消極面を示しているように思えるのだ。

私自身、正直に言うと、だれかと出会うことが怖い。なぜなら、出会うと必ず傷つくからだ。ゆえに、私たちの前には二つの道がある。傷つくことを恐れて出会いを避けるか、傷ついても倒れない仕組みを作るかだ。

傷つくことなしにだれかと出会い、絆を結ぶことはできない。出会ったら「出会った責任」が発生する。だれかが自分のために傷ついてくれる時、私たちは自分は生きていてよいのだと確認する。同様に、自分が傷つくことによってだれかがいやされるなら、自分が生きる意味を見いだせる。自己有用感や自己尊重意識にとって、他者性と「きず」は欠くべからざるものなのだ。

困窮者支援は、ひとりではつぶれることを知っている弱い人たちが、それでも「何かやってみよう」と集まり、チームをつくることで成り立っている。いわば「人が健全に傷つくための仕組み」なのだ。

「傷《きず》つくという恵み」——国家によって犠牲的精神が吹聴された歴史を戒めつつ、今こそ他者を生かし、自分を生かすための傷が必要であることを確認したい。

私たちも二十二年間の路上の支援で、ずいぶん傷ついた。でも、「傷ついてもいいのだ」と言いながら歩んできた。そのための仕組みも作った。しんどいが、豊かな日々だった。絆とは傷つくという恵みである。タイガーマスクは、無縁の時代に生きる私たちが健全に傷つくための仕組み作りが急務であることを示してくれたのではないか。

各地で被災された方々の受け入れが始まっている。阪神・淡路大震災の際、仮設住宅入居後に孤独死、自死ということが起こった。震災を生き延びた人が、その後亡くなる。ハウスレス（物理的困窮）状態は脱しても、ホームレス（無縁）状態のままだったのかもしれない。これを繰り返すわけにはいかない。居宅の確保はもちろんのこと、それを受けとめる「人の手当て」を早急にすべきである。募金も物資も必要だ。しかし、そこには一緒に涙し、傷つく人が不可欠なのだ。「匿名」ではだめだ。

「彼の打ち傷によって、私たちはいやされた。」聖書が語る救い主は、打たれ、傷ついた救い主であった。十字架のイエスは、何よりも端的にその事実を示している。

しかし、私たちは、この事実からいつの日か乖離《かいり》してしまった。十字架の救いを感謝しつつも、自分の十字架を負うことを回避した。牧師も教会も例外ではない。自らの安全と安心を唱えるうちに、主イエス・キリストを見失ったのかもしれない。

十字架抜きの安価な恵みがどれほど私たちを歪めただろう。それは、キリストへの服従をないがしろにしたばかりか、他者との出会いを遠ざけた。しかし、生傷の絶えない支援現場の日々は、聖書が語る福音とは何かを示してくれた。「お前は逃げていないか」と問われ続けた日々だった。

とてもイエスのようには生きることはできない。ましてや十字架にかかることなど、全く無理。だが、聖書が語る「いやし」の事実は、だれにも否定できない。その打たれた傷がなければ、私たちは、だれもいやされることはなかったのだ。今日も被災地は、悲しみと傷の痛みの中にいる。私たちは、無傷ではいられない。

「傷つくという恵み」を信じて歩んでいきたい。

本当のあとがき

昨年いのちのことば社より、雑誌の連載の話をいただいた。当初十二回の予定だったが、結果十五回連載となった。そして出版の運びへ。担当の長沢さん、米本さんにはずいぶん心配とご迷惑をおかけした。

校了間際、震災となった。原稿もそのままに現場に飛んでいく私に、担当者は、さぞどきどきされたことだろう。粘り強く励ましてくださった両名にまず感謝したい。

また、本書を推薦してくださった茂木健一郎さんに感謝したい。熱い方である。

関田寛雄先生には、身に余る「まえがき」を書いていただき、心より感謝している。神学校での説教学演習の授業以来、先生には節目、節目に支えていただいた。留学延期から八年。時々思う。ドイツに行っていたら、どうなっていただろう。ただ、あのことで服従と断念、献身の意味を少しだけ学んだように思う。感謝なことだ。

指導教授の寺園喜基先生にも、ずいぶん心配をおかけした。「君は、現場が合っているが、その分、現場を神学的抽象化する作業を怠ってはいけない」との恩師の言葉を頼りに、自分なりに言葉を紡いだ。

この二十年余の間に出会ったおやじさんたち、特にすでに召された人々に感謝したい。この本は、モノローグではない。彼らとの聖書を介した対話にほかならない。間違った応答も少なくない。でも、それさえもおやじさんたちは、きっと赦してくれるという変な自信が僕の中にはある。この本を彼らにささげたい。

また、何よりも敬愛する東八幡キリスト教会の一人一人に感謝したい。新卒牧師として、二十五歳での就任。しかも、乱暴、無謀、やんちゃの塊ともいえる牧師を、二十一年にわたり支え続けてくださった。決して順風満帆とは行かない日々は今も続く。お互いが傷つきながら歩んできた。去って行った仲間もいた。けれども苦難の中で、常に教会が立ち返らされたのは「聖書」であった。聖書のみを土俵として、キリストのからだを共に担いたい。

吉高先輩をはじめ諸先輩方、支援機構のなかま、友の支えに心より感謝。

最後に家族に心より感謝する。妻伴子、長男愛基《あき》、長女光有《みう》、二男時生《とき》、両両親。次々に登場する同居人に戸惑いつつ、共に生き続ける家族に心より敬意を表したい。僕はひとりでは生きていけないという自信だけはある。それが家族に誇れる唯一の自慢だ。

家つくりが捨てたような小石のかけらをも用いてくださった慈愛の神に、心より感謝したい。アーメン。

奥田知志

二〇一一年　四月六日

もう、ひとりにさせない
——わが父の家にはすみか多し

2011年6月1日　発行
2021年11月1日　10刷

著　者　奥田　知志
印刷製本　シナノ印刷株式会社
発　行　いのちのことば社
〒164-0001 東京都中野区中野2-1-5
電話 03-5341-6922（編集）
03-5341-6920（営業）
FAX03-5341-6921
e-mail:support@wlpm.or.jp
http://www.wlpm.or.jp/

ISBN978-4-264-02922-9